达人带路！ 广州游透透！

广州

好吃好玩真好买

《好吃好玩》编写组 编著

中国旅游出版社

广州·好吃 好玩 真好买
CONTENTS 目录

12 二沙岛

13 天河城广场

广州·好吃 好玩 真好买 推荐
GUANGZHOU

Part 1 广州吃玩买，开始!

Part 2 搭乘地铁，玩遍广州!

Part 3 必玩必吃必买! 广州旅行胜地10选!

广州吃玩买,开始!

印象

广东省的省会,别称五羊城,广州是中国内地第三大经济城市,同时也是华南地区的政治、经济、文化、科技、教育中心。山水相依的广州既有白云山的秀美景色,也不乏珠江的婉约风情,漫步在历史悠久的广州街头,随处可以看到历史悠久的古迹和繁华的商业区,新旧融合的城市充满别样风情。

地理

广州市地处广东省南部,珠江入海口处,北部和东北部是山区,中部是丘陵、台地,南部是珠江三角洲冲积平原,珠江从广州穿城流过,全市总面积7434.4平方公里。

气候

广州属于亚热带湿润季风气候,由于其横跨北回归线,地处热带亚热带,一年四季温暖多雨、光照充足,全年雨量充沛,利于植物生长,是一座四季常绿,一年四季都花团锦簇的"花城"。

区划

广州市下辖越秀区、海珠区、荔湾区、天河区、白云区、黄埔区、花都区、番禺区、萝岗区、南沙区10个区和从化市与增城市2个县级市。

人口及市花

广州全市常住人口约1033.45万人;市花为木棉花。

Part2
搭乘地铁,玩遍广州!

地铁

广州地铁由1号线、2号线、3号线、4号线、5号线、8号线和广佛线等组成，此外还有连接珠江新城CBD地区和天河商贸区、观光塔之间的珠江新城旅客自动输送系统（捷运线）。广州地铁采用分段计价方式，起步4公里以内2元；4至12公里每递增4公里加1元；12至24公里每递增6公里加1元；24公里以后，每递增8公里加1元。广州地铁单程票为亮绿色塑料圆片，或使用羊城通储值卡乘坐地铁可打9.5折。

●附1：公交车●

广州有近万辆公交车，其中绝大部分为空调车，实行无人售票，上车自动投币，票价为空调车2元，普通车1元。广州公交车前门上车后门下车，以普通话、粤语双语报站，部分车辆加设英语报站。

●附2：出租车●

广州人称出租车为"的士"，是英文"Taxi"的粤语发音，出租车根据车身红、黄、蓝、金、绿五种颜色代表其分属不同的出租车公司。广州出租车市区内起步价7元，另加2元燃油附加费，每公里2.6元，如路程超过35公里还需加收50%的空驶费。此外，广州出租车夜间行车不涨价，但有时可同司机讲价。

Part3 必玩必吃必买!
广州旅行胜地10选!

1 白云山

白云山是九连山脉的南延部分，素有"南越第一山"之称，因雨后有白云缭绕而得名，其最高峰摩星岭海拔328米，是广州最高的山峰。

2 越秀公园

因越秀山而得名的越秀公园是广州最大的综合性文化观赏公园，著名的五羊石像就屹立在这里，园中的镇海楼则有"岭南第一胜览"的美誉。

3 中山纪念堂

中山纪念堂是一座典型的中国宫殿式建筑，自建成之日起就成为广州的象征之一，纪念堂正门悬挂的"天下为公"匾额是孙中山亲笔所书。

4 黄埔军校旧址

作为中国近代的军事摇篮之一，位于长洲岛上的黄埔军校是孙中山领导下的国民政府在苏联帮助下创建的，培养了无数名将，位列世界四大军校之一。

5 沙面岛

沙面岛是广州保留近现代建筑最多的地方，这里的许多房屋都是西式建筑，因而有着浓郁的欧陆风情。

6 太平沙财记总店

历史悠久的老字号餐馆太平沙财记总店在广州尽人皆知，作为招牌菜的牛腩粉和辣椒酱更是让人过口难忘，是广州最好的牛腩粉店！

7 银记肠粉

银记肠粉创建于20世纪50年代，是广州知名的肠粉店，银记肠粉的招牌菜是口感极佳的牛肉肠粉，许多食客都是慕名前来。

8 西关人家

西关人家是广州最好的本地风味大排档，人们在品尝广州的各种知名美味之余，还可感受店内浓郁的西关风情，仿佛回到旧时的老广州。

9 北京路

北京路是广州著名的商业街，这里虽然颇具时尚潮流的气息，但众多的老字号店铺，让它成为最受市民欢迎的商业区。

10 上下九步行街

上下九步行街是羊城历史最为悠久的商业步行街，这里既有现代化综合性大商场，也有广受欢迎的街边店铺。

1 北京路

1 北京路

PLAY

好玩

I 药洲遗址

南汉国皇帝的离宫 ▍推荐星级 ★★★★

攻略HOW

地址 广州市越秀区教育路86号
交通 乘地铁1号线公园前站出站

药洲遗址位于南方剧院北侧，这里原本是五代时期南汉国皇帝的离宫所在。他曾经在广州城西凿出一片大湖，并在湖中的沙洲上种植各种花药，所以这里就被命名为药洲。在药洲上安置着从太湖等地开采的奇石，组成了一处绝佳的园林美景。如今的药洲遗址的规模虽然远不如从前，但是精髓仍在，将遗留的八座太湖山石提高出地面，形成了现今的"九曜园"。在每一块石头上都有历史上一些知名人物留下的手书和墨迹，其中最著名的当属大书法家米芾的手迹，极为珍贵。

② 南方剧院

不断发展的老牌剧院 ▌推荐星级 ★★★★

南方剧院就位于广州最繁华的北京路商业区，开设于1937年，历史十分悠久。经过数十年的日新月异的变化，这里并没有被时代所淘汰，反而通过一次次的整修焕发了新的活力，成为一处集戏剧演出、电影放映、娱乐休闲于一身的现代化影视剧院。这里如今设备先进，可以满足各种演出的需要，灯光布景等装置也达到了很先进的水平。此外，南方剧院幽雅豪华的环境也是人们喜爱这里的原因，剧院毗邻一处南汉时期遗留下来的"九曜园"，其内有九块千年陨石，和它幽雅娴静的环境一起为剧院增添了不少亮色。

攻略HOW

地址 广州市越秀区教育路80号
交通 乘地铁1号线公园前站出站
电话 020-83352871

③ 庐江书院

保存完好的宗族祠堂学院 ▌推荐星级 ★★★★

攻略HOW

地址 广州市越秀区西湖路72号
交通 乘地铁1号线公园前站

庐江书院又名何家祠，是清朝时广东全省何氏宗族捐资修建的宗族祠堂学院。这座书院地理位置绝佳，大门取"紫气东来"之意而朝向东开，整个书院建筑高10米，分作两层，全身使用青砖砌成，顶上铺着绿色筒瓦，灰塑瓦脊，并用绿琉璃瓦剪边，显得古朴而庄重。到处还能看到各种精美的砖雕、彩绘、饰物，给人一种华美而尊贵的印象。走过正堂就能来到书院的后堂，这里正中摆放着神龛，四处高大宽敞，是当时何氏族人祭祀祖先的主要场所。直至民国时期这里一直都是省内何氏族人子弟到广州求学寄宿之所，具有很重要的历史地位。

4 南越国宫署遗址

古南越国的王宫御苑 ■ 推荐星级 ★★★

全国重点文物保护单位
南越国宫署遗址
秦代造船遗址
中华人民共和国国务院
一九九六年十一月二十日公布
一九九九年五月一日立

攻略HOW

地址 广州市越秀区中山四路316号

交通 乘地铁1号线公园前站出站

电话 020-83179258

门票 12元

　　南越国宫署遗址是2000多年前岭南第一个割据势力南越国的王宫，是中国迄今为止发现的最早的王宫御苑遗址，对研究当时的历史有着极为重要的意义。南越国宫署遗址的精髓在于其精妙的大型石构水池和曲流石渠，这些遗迹设计精巧，规模宏大，令人赞叹不已。其中水池呈仰斗状，池壁用灰色的砂岩铺设，池底则以碎石铺就，均十分平整。同时在宫署遗址内还能看到各式各样的水井，其最深的有14米，它们造型各异，但是都用专门烧制的弧扇形砖砌筑而成，十分考究。在井里还设置有基本的过滤装置，可见当时的统治者对饮用水的要求极高。可以说这里反映出了2000多年来广州发展的历史，堪称一部活生生的历史书。

5 大佛寺

看气势恢弘的三尊巨佛 ■ 推荐星级 ★★★★★

　　广州大佛寺是五代时南汉国皇帝刘䶮所建，经明清历代的不断重修和改建，而形成了今天的规模。如今的大佛寺依然保留了清朝时重修后的样貌，规模十分宏大。其大雄宝殿坐北朝南，面积1200多平方

攻略HOW

地址 广州市越秀区惠福东路21号

交通 乘地铁1号线公园前站出站

米，是迄今为止岭南地区最大的一座佛殿。当年修筑这座佛殿时使用了非常优质的木材，使得这座建筑历经300多年风风雨雨依然风采不减当年。在殿内最重要的当数三尊铜佛，这三尊大佛各高6米，全身由铜浇铸而成，重达10吨。而且造型精美，表情生动，是清朝佛教造像艺术的巅峰之作。

6 广州起义旧址纪念馆

中国革命的先驱之一 ▎推荐星级 ★★★★

广州起义是中国人民在中国共产党的领导下，继南昌起义、秋收起义之后对国民党反动派的又一次英勇斗争，在张太雷、叶剑英等老一辈无产阶级革命家的带领下，最后成立了中国第一个苏维埃政府——广州公社，如今的广州起义旧址纪念馆就坐落于广州公社的旧址之上。如今这里还保留着苏维埃政府办公的中楼、作为起义指挥部的北楼、警卫连宿舍、弹药库以及监狱、拘留所等建筑，还设立了起义史料陈列室并复原了张太雷办公室等历史遗迹，是了解广州起义和我国革命历史的好地方。

攻略 HOW

地址 广州市越秀区广州起义路1号

交通 乘地铁1号线公园前站出站

电话 020-83341321

7 中华全国总工会旧址

老一辈革命家工作过的地方 ▎推荐星级 ★★★★

中华全国总工会旧址位于越秀南路，原本是惠州会馆，后来成为中华全国总工会成立之后的第一个总部所在。总工会旧址是一座三层建筑，一楼是广州工代会礼堂和办公室，二、三楼是总工会礼堂和办公室。在

总工会旧址大门两侧还修建有"工农运动死难烈士纪念碑"和"廖仲恺先生牺牲处纪念碑"。如今这里已经成为一处纪念馆，里面保存着很多在总工会创立初期所留下的重要史料和各种文物，成为进行爱国教育的一处重要场所。

攻略HOW

地址 广州市越秀区越秀南路89号
交通 地铁1号线烈士陵园站下车
电话 020-83832587

8 省港罢工纪念馆

纪念波澜壮阔的省港大罢工 ▌推荐星级 ★★★★

攻略HOW

地址 广州市越秀区东园横路3号
交通 乘地铁1号线农讲所站下车
电话 020-83330818

省港罢工纪念馆原名东园，曾经是清朝广东水师提督李准修的别墅所在。1925年省港大罢工爆发后，这里便被征辟为省港罢工委员会办事处，是大罢工期间的主要领导机构。在1926年11月，这里被帝国主义分子纵火焚毁，仅剩一棵大树和一座门楼幸免于难。新中国成立后，当地有关部门在原址重修了园中主要建筑红楼，并改为省港罢工纪念馆。在红楼的廊道里可以看到很多铜像，这些都是当年省港大罢工的主要领导人，从中依然还能看出当年大罢工时的情景。

9 鲁迅故居

鲁迅曾经逗留过的地方 ▌推荐星级 ★★★★

1927年，鲁迅先生来到广州中山大学任教，他在这里仅仅逗留了8个月，但是依然留下了很多著名的文章。如今的白云楼就是鲁迅当时所居住的地方，这是一幢钢筋水泥的三层楼房，根据鲁迅在文中的描述，这里"远望青山，前临小港，地甚清幽"，令他颇为满意。如今的白云楼在很大程度上保留了旧时的样貌，大楼的西南和北边墙壁上还依稀可见白云楼的字样，鲁迅的房间就位于二楼的靠马路一侧，当年鲁迅就是在这里靠着窗户沉思，并整编了《朝花夕拾》、《野草》等文集。

攻略HOW

地址 广州市越秀区白云路
交通 乘地铁1号线烈士陵园站下车

1 北京路

EAT

好吃

I 太平馆西餐厅

广州人吃西餐的引领者 ▌**推荐星级** ★★★★★

攻略HOW

地址 广州市越秀区北京路342号

交通 乘地铁1号线公园前站出站

电话 020-83321305

　　太平馆西餐厅的开办可以说是开了广州人吃西餐的先河，1885年，这家西餐厅正式开业，当时还引起了不小的轰动。虽然名为西餐厅，但是饭店的外观还是传统的中国风格，在大门旁边还贴着对联。走进餐厅，发现这里的装饰和布置都很有情调，典雅的灯光，雅致的布局，让人很有好感。这里的菜式全都是经过岁月的锤炼而流传至今的西餐名点，其中以烤乳鸽和德国咸猪手等几道菜最为著名。此外店里的总理餐厅是周恩来总理来过的地方，墙上还有周总理和邓颖超的合影。

2 太平沙财记总店

广州尽人皆知的一家老字号饭店 ▌推荐星级 ★★★★

攻略HOW

地址 广州市越秀区北京南路太平沙16号

交通 乘地铁1号线公园前站出站

电话 020-83362800

　　太平沙财记总店是广州尽人皆知的一家老字号饭店，这里早在新中国成立前就已经经营了不少年。不管问哪一个广州人，他们都会告诉你太平沙的牛腩粉和辣椒酱是最好吃的。太平沙的总店位于广州最繁华的北京路商业区，这里的环境很舒适，具有普通的茶餐厅风格。作为招牌菜的牛腩粉更是让人过口难忘，精选的鲜嫩牛肉，筋道的粉丝，使用独家手法调制的浓郁鲜美的汤底，再配上店里独特的辣椒酱，让人吃多少都不会觉得腻，堪称一绝。

3 许留山

香港品牌甜品店 ▌推荐星级 ★★★★

攻略HOW

地址 广州市越秀区中山五路34号（近广大路）

交通 乘地铁1号线公园前站出站

电话 020-83328168

　　许留山是著名的香港甜品店品牌，主要经营各种甜点、甜汤、甜品等，尤其以杧果为主要材料的甜点而闻名。从20世纪60年代开业以来一直都受到客人们的追捧，如今在世界范围内已经有40多家分店。而广州的许留山则是其中的加盟店之一，这里基本沿袭了传统许留山的甜品美味，并且还不断发展和创新，创立了很多独特的新品。如今这里最受人欢迎的甜品种类包括杧椰奶昔、杧果布丁、杧果西米捞、杧果雪蛤捞等，不仅味道诱人而且造型漂亮，很受年轻人的喜爱。

1 北京路

BUY

好买

I 北京路

广州的商业中心 ▌推荐星级 ★★★★★

北京路位于广州市的中心地带，据说自有广州起，这里一直就是广州的经济中心。如今这里汇集大大小小数千家商铺，其中有不少是广州知名的老字号店铺，这也给北京路带来不少传统气息。而整条街现在也已经改造成了步行街，使得购物环境更为舒适。走在北京路上，两侧随处可见各种出售广州特产的商店，同时来自世界各地的知名品牌在这里会聚，一边购物一边还能感受这里深厚的历史。

攻略HOW

地址 广州市越秀区北京路
交通 乘地铁1号线在公园前站
出站

✿ 千年古道遗址 北京路发展的见证

北京路历史悠久，在这里发掘出了自南汉以来的共计11层路面遗迹，这正是北京路千年历史的见证者。当地政府使用玻璃钢罩将这里围起来供人参观，人们可以通过透明的罩子看到包括拱北楼遗址在内的不少古代遗迹，让人大开眼界。

② 五月花商业广场

广州最大的零售商场之一 ■ 推荐星级 ★★★★★

　　五月花商业广场位于广州市中心最繁华的商业街区，是广州最大的零售商场之一。五月花商业广场占地约5000平方米，共分为地上13层，地下4层，有点类似于日本银座的高级商场。这里主要面向追求流行和时尚的年轻人，这里的六楼还设有4个电影放映厅，人们在购物之余还能去看看电影消遣娱乐一番，因此备受年轻人的推崇，一到周末和节假日这里总是人头攒动，十分热闹。

攻略HOW

地址 广州市越秀区中山五路68号

交通 乘地铁1号线在公园前站出站

电话 020-83373868

3 广州百货大厦

广州的老牌零售企业 ▌推荐星级 ★★★★★

　　广州百货大厦是一家开业20年的老牌零售企业，这里在坚持老店服务优良，物美价廉的基础上不断与时俱进，深受各品牌经销商的好评。如今这里经营着超过1500个知名品牌的商品，商品的范围涵盖了人们生活中的方方面面，不管客人的要求有多么的苛刻，商场都会尽量给予满足。同时广州百货大厦采用了最为时尚的开架式售货模式，再也没有柜台的阻隔，顾客可以与货品做零距离接触，更增加了商厦与顾客的亲近感。如今这里依然秉承着"讲信誉，求质量，重服务"的经营宗旨，竭诚为顾客服务。

攻略HOW

地址 广州市越秀区北西湖路12号

交通 乘地铁1号线公园前站出站

电话 020-83322348

4 潮楼

广州流行趋势的风向标 ▌推荐星级 ★★★★★

攻略HOW

地址 广州市越秀区北京路182号

交通 乘地铁1号线公园前站出站

电话 020-83341288

　　潮楼位于北京路上，从名字上一听就是一处非常前卫的去处。事实上这里也确实是广州最新潮和时尚的去处，可以说是广州流行趋势的一大风向标。这座潮楼是由原来的丽和百货仿造香港的潮楼改建而来，在这里可以看到不少来自海外的品牌最新款式的服装、饰物等，充满了新潮的独特美感。此外，在这里还有很多来自日本、韩国和中国香港等地的时尚精品、流行时装、化妆品、美食等。因此每到节假日，这里都会挤满衣着时尚新潮的青年男女，成为北京路上一道亮丽的风景线。

5 动漫星城

广州第一座动漫购物中心 ▋推荐星级 ★★★★★

　　动漫星城是广州第一座以动漫产业为主的多功能娱乐购物中心，这里集产品展示、发布、宣传、体验、互动、娱乐、销售、购物于一体。定位于动漫这个朝阳产业，而且并不甘于做日本、欧美等地的加工企业，努力发展我国自己的动漫品牌。在这座动漫星城里到处都充满了动漫的要素，包括动漫特区、环球卡通世界、任天堂、Snoopy等多个世界知名的动漫企业。自开业以来一下子就吸引了无数的年轻动漫爱好者，使得这里一直都属于广州最具人气的地方之列。

攻略HOW

地址 广州市越秀区吉祥路1号
交通 乘地铁1号线公园前站出站
电话 020-62681888

6 文德路字画文化街

广州最风雅的地方 ▍推荐星级 ★★★★★

攻略HOW

地址 广州市越秀区文德路
交通 乘地铁1号线农讲所站下车

文德路自古以来就是广州最风雅的地方，宋朝时就是广州文人们的汇集之地。如今这里则是一个以销售书画艺术品为主的专区，素有"广州画廊"的美誉。沿着文德路两侧，可以看到不少以销售字画等为主的艺术品商店，每家店都有一个颇为风雅的名字。这里出售的艺术品适合各种爱好的人，喜欢传统和怀旧的人可以选购中国传统的水墨国画，而崇尚西方艺术的则可以在这里买到油画，喜欢立体艺术的更是能买到来自非洲的木雕等风格各异的作品。此外这里还出售来自全国各地的土特产，保管让每个人都能满意。

7 李占记

深受信赖的钟表老店 ▍推荐星级 ★★★★★

攻略HOW

地址 广州市越秀区中山四路344号
交通 乘地铁1号线农讲所站出站
电话 020-83332772

李占记是广州著名的钟表老字号，它位于广州最繁华的商业中心，以经营世界各地著名品牌的钟表为主要内容，同时这里还以修理各种高级钟表而闻名。在300多平方米的商场中，陈列着包括劳力士、欧米茄、帝陀、雷达、浪琴、卡天龙、梅花等几十个系列上千个品种的国外知名品牌钟表，它们有的做工精致，有的外观豪华，让人目不暇接。同时这里的钟表在进货时都经过了严格的质量检测，以求质量过硬，这也使得李占记获得了一致的好评，深受顾客信赖。

8 老三多轩

最著名的老字号书画商店 ▌推荐星级 ★★★★

攻略HOW

地址 广州市越秀区文明路65号
交通 乘地铁1号线农讲所站出站
电话 020-83393851

老三多轩是文明路上最著名的老字号商店,这家专营文房四宝的商店自清朝道光年间开张以来,一直都以优质的笔墨纸砚而在广州占有重要的位置。三多轩在200多年的岁月中屡次遭劫而又屡次重新开业,可谓命运多舛。如今这家老三多轩是原来三多轩创始人的后人所开,继续秉承老店经营精品文具的传统,并分别在安徽泾县及浙江湖州开办宣纸厂和毛笔工厂,销售正宗的宣纸和湖笔,而其家传的箭镞住印泥更是深受书画爱好者们的青睐,成为社会名流争相购买的书房极品。

2 上下九

2 上下九

PLAY

好玩

① 华林寺

中国最早的禅宗寺庙 ▍推荐星级 ★★★★★

华林寺是一座历史悠久的寺庙，相传这里是佛教禅宗始祖达摩祖师登陆中国的地方，游人们现在看到的建筑大都是明清时期建造的。这座寺庙四周的环境清幽，是一个充满空灵气息的地方，各个殿堂风格凝重大方，拥有鲜明的时代特征。大雄宝殿是这里的核心建筑，它有着雄伟壮观的气势，达摩堂则是供奉达摩祖师的地方，它与迁移回来的白石塔鹳、收藏舍利子的舍利塔并驾齐驱，是华林寺著名的三景。

攻略HOW

地址 广州市荔湾区上下九31号前

交通 乘地铁1号线长寿路站出站

电话 020-81389236

2 锦纶会馆

广州唯一的商业会馆 ▍推荐星级 ★★★★

锦纶会馆的历史悠久,它始建于清朝雍正元年(1723年),后在道光年间整修过,它的整体建筑风格古朴典雅,又有凝重大方的感觉。这里是清代广东的丝织行业股东公会和行业工会所在地,是广东省唯一保存下来的行业会馆,里面保存了大量有关丝织行业生产、交易的资料,尤其是那保存完好的21方石碑碑刻,更是研究清代商业行为不可缺少的史料。锦纶会馆是青砖石砌筑的建筑,后在2001年得到整体迁移,它也是国际上首次进行的平移加顶升工程。

攻略HOW

地址 广州市荔湾区康王南路289号

交通 乘地铁1号线长寿路站出站向东步行5分钟即可到达

电话 020-81390419

门票 3元

2 上下九

EAT

好吃

1 南信甜品店

老字号的甜品店 ▌ 推荐星级 ★★★★★

　　创建于20世纪40年代的南信甜品店是闻名广州的老字号甜品店，是以各种美味的甜食而著称的。这家甜品店最受食客欢迎的甜品当属双皮奶和姜汁撞奶，它们不仅在广州家喻户晓，也被评为中华名小吃。

　　南信甜品店的美食很有特色，它的原料都是精选的鲜牛奶，再配上各种调料，做出来的双皮奶味道十分鲜美，而独特的姜汁撞奶则是冬季里上好的祛寒饮品。香芋西米露、牛三星汤也是南信甜品店的招牌食品，备受食客的好评。

攻略HOW

地址 广州市荔湾区第十甫路47号

交通 乘地铁1号线长寿路站出站

电话 020-81389904

② 皇上皇

广州的腊味名店 ▌**推荐星级** ★★★★★

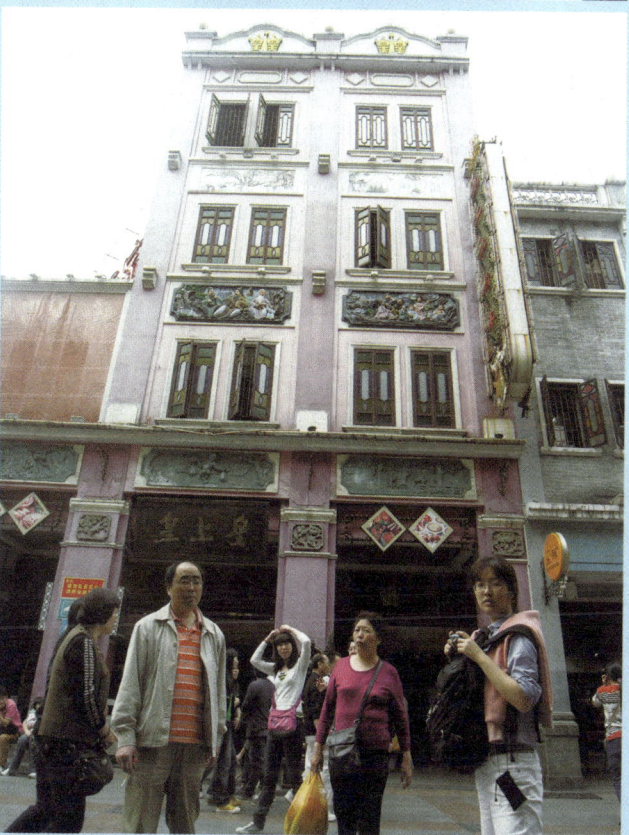

皇上皇是广州最有名气的老字号腊味店之一，它创建于20世纪40年代，一直以来都是羊城风味美食的代表之一，是和北京果脯、天津麻花、山东煎饼等美食并称的地方风味。

这家店铺所用的材料都是经过精心挑选的鲜肉，再通过多道工序，最终做出了令人垂涎三尺的腊味。皇上皇的腊肠口感极佳，深受各界食客的欢迎，甚至连国际知名的餐饮企业必胜客也使用皇上皇的肉脯和香肠，推出了著名的"必胜客皇上皇比萨"。

攻略HOW

地址 广州市荔湾区下九路3号
交通 乘地铁1号线长寿路站出站向东南步行10分钟即可到达
电话 020-84390151

3 顺记冰室

驰名中外的冷饮店 ▮ 推荐星级 ★★★★

攻略HOW

地址 广州市荔湾区宝华路85号
交通 乘地铁1号线长寿路站出站
电话 020—81814287

　　顺记冰室是广州的老字号冷饮店，过去羊城的四大冰室中只有这家是硕果仅存的。民国初期商人吕顺沿街叫卖椰子雪糕，这种口感独特的食物，很快在广州风靡起来，之后就在宝华路上开店出售，当地的达官贵人对这里很赞赏，让这里声名远扬，据说柬埔寨国王西哈努克就曾慕名前来品尝这里的美味。顺记冰室的椰子雪糕是精选上等的材料制成的，曾经多次获得国内外各种评比的大奖，当然这里的香杧雪糕等美味也是广受赞誉的。

4 陶陶居

广式月饼的名店 ▮ 推荐星级 ★★★★★

　　广式月饼是我国最著名的月饼品种之一，陶陶居就是此类月饼店中的名店。这家店铺所在建筑原本是一家清末的书院，酒店的招牌是戊戌变法的推动者康有为所书写，取其乐陶陶之意，并请著名书法家秦鄂生为这里书写长联。因此这里成了广州文人雅士聚会的地方，来到这家酒楼的人们还能看到各种奇石展览，观看说书艺人的表演。

　　陶陶居的月饼香甜可口，并有多种馅料可供选择，其上佳的味道吸引了众多食客，不愧是广州的"月饼泰斗"。

攻略HOW

地址 广州市荔湾区第十甫路24号

交通 乘地铁1号线长寿路站出站

电话 020-81399100

5 富集牛杂屋

广州最有名的牛杂店之一 ▎推荐星级 ★★★★

攻略HOW

地址 广州市荔湾区第十甫路75号
交通 乘地铁1号线长寿路站出站
电话 020-81394837

广州人普遍喜欢吃牛杂，但是富集牛杂屋的各种牛羊杂小吃却是别出心裁，将牛和羊的鲜味很好地融合在一起，做出了风味独特的小吃。这种小吃主要是将热辣鲜美的原汤，美味的酱料，口感脆爽的牛羊杂放在一起，给食客带来了极佳的口感，令吃过的人们感到回味无穷。值得一提的是这里在熬制原汤的时候会放入许多有益于身体的中药材，然后再用文火慢慢炖出来，将原料的鲜味和药材的药力煮出来，这样才能让汤的口感鲜美。

6 莲香楼

品尝莲蓉月饼的好地方 ▎推荐星级 ★★★★★

莲蓉月饼是广式月饼的名品，创办于1889年的莲香楼则是出产此类月饼的著名糕点店。这里出售的莲蓉月饼采用了精磨后的莲子来制作，口感极佳，深受广大食客的欢迎。有趣的是，该店的招牌是清末翰林陈如岳在品尝莲蓉月饼之后，欣然提笔所书的。

现在的莲香楼不但出售各种糕点，还是广州著名的老字号饭店，各种美味的菜肴吸引众多美食爱好者来此用餐。

攻略HOW

地址 广州市荔湾区第十甫路67号
交通 乘地铁1号线长寿路站出站
电话 020-81811638

7 西关人家

品尝广州风味小吃的好地方 ▌推荐星级 ★★★★★

攻略HOW

地址 广州市荔湾区下九路荔湾广场南塔四楼

交通 乘地铁1号线长寿路站出站

电话 020-81380308

西关人家是广州最好的出售本地风味的大排档，那些美味的佳肴不但吸引了本地的居民，许多外地游人也慕名前来品尝地道的广州风味。这里的桌椅都是木质的，再加上地上的青砖、门上的灯笼，以及那笑容甜美、身着旗袍的"西关小姐"，让来到这里的食客如同回到了过去的广州。

来到西关人家的食客们可以品尝广州的各种知名美味，各种甜品、粥、粉面等品牌小吃应有尽有，以清平鸡为代表的粤式名菜更是这里的招牌菜。

8 广州酒家

广州的老字号饭店 ▌推荐星级 ★★★★★

开业于20世纪40年代的广州酒家是广州最有名气的老字号饭店，各种粤式佳肴在这里应有尽有。广州酒家室内装饰古朴典雅，并有着独特的历史韵味，各种精美的食物更是让人赞不绝口，因此在广州享有盛誉，并获得了1983年和1986年两届名菜美点展览的主办权。这里的招牌菜主要有广州文昌鸡、红烧大群翅、百花酿鸭掌等，而一品天香、三色龙虾、麻皮乳猪等名菜也是令人垂涎三尺的美味。

攻略HOW

地址 广州市荔湾区文昌南路2号

交通 乘地铁1号线长寿路站出站

电话 020-81380388

9 银记肠粉

广州最好的肠粉 ▍推荐星级 ★★★★★

银记肠粉创建于20世纪50年代，经过多年的发展，已经成为广州肠粉的代表性品牌。肠粉这种美味的食物是以精大米的米浆做成的拉肠粉作为主料，然后再往里面灌上新鲜牛肉，以姜汁、白酒、生抽、生油、麻油作为配料，各种调味料也应有尽有，再经过多道工序，最终制成了这种驰名珠三角的美味。银记肠粉的招牌菜是口感极佳的牛肉肠粉，许多食客都是慕名前来。

10 伍湛记及第粥

广州最著名的粥馆 ▍推荐星级 ★★★★★

伍湛记及第粥是一家拥有40多年历史的饭馆，并在不长的时间内红遍了珠三角，甚至连香港和澳门也有食客慕名前来。"及第粥"是这里的招牌产品，相传喝了这种粥的考生就会榜上有名，因此每年各种考试举行之前，都会有应试的考生前来喝粥，希望自己能够顺利过关。这种粥是用肉丸和猪肝、猪肚等材料精心熬制而成的，喝起来十分美味，现在已经成为广州代表性小吃之一。

11 大同酒家

品尝烤乳猪的好地方 ▍推荐星级 ★★★★★

大同酒家是广州的老字号饭店，它创建于20世纪30年代，新中国成立后周恩来总理和陈毅元帅都曾在这里举行招待宴会，因此更让这家饭店享誉海内外。这家饭店的许多招牌菜都是自己研制出来的，其中包括著名的大同脆皮鸡、海南大群翅、红烧鲍片等名品。不过这里最著名的还数金牌烤乳猪，它的味道爽脆但不油腻，令品尝过的人们都赞不绝口，因此也获得了多项国际大奖。大同酒家还为食客提供了良好的用餐环境，因此备受赞誉。

好买

I 上下九步行街

广州最著名的步行街 ▮ **推荐星级** ★★★★★

位于广州老城区内的上下九步行街自古以来就是商贾云集的地方，又保留了许多古老的风情，是购物旅游、休闲放松的好去处。这里鳞次栉比地排列着众多古老建筑，包括西关大屋、骑楼、竹筒屋等，这些悬挂着各式招牌的骑楼建筑已经成了这条街道的象征。上下九步行街内的店铺众多，既有历史悠久的老字号，也有现代的大型综合购物中心，来到这里的人们可以尽情地选购。上下九步行街还是著名的美食街，这里会聚南北各地的风味美食。

攻略HOW

地址 广州市荔湾区上下九步行街

交通 乘地铁1号线长寿路站出站

② 华林玉器酸枝工艺街

仿古工艺品一条街 ▍推荐星级 ★★★★★

攻略HOW

地址 广州市荔湾区华林寺附近
交通 乘地铁1号线长寿路站出站

华林玉器酸枝工艺街是广州最有特色的商业街之一，这里是以各种古玩家具出名的。在这条只有500多米长的街道上，可以看到多家店铺，其中以华林玉器大楼最为出名。这个商场是全广州最大的玉器交易中心，各种玉器商品应有尽有，既有传统的戒指、耳环、玉坠等器物，也有现代造型的各种工艺品，不过这里最受欢迎的还是那些仿古玩样式的珍品。酸枝家具则是这里的又一大名品，这种家具拥有多种优点，深受海内外人士的欢迎。

③ 十三行

清代的海外贸易集团的残影 ▍推荐星级 ★★★★

攻略HOW

地址 广州市荔湾区状元坊
交通 乘地铁1号线长寿路站出站

广州十三行是清代中后期唯一经过官方允许的对外贸易组织，因其由十三家商行组成，故名十三行。十三行在全盛时期控制了中国对外的主要合法贸易渠道，但在第二次鸦片战争后逐步衰落下来，最终消逝在历史的长河中。

现在这里是广州著名的服装交易市场，那人头攒动，接踵摩肩的情景依稀能感知些昔日的盛况。来到这里的人们可以批发各种服装，南北口音杂糅着，不时还能看到些外国商人。

3 西关

PLAY
好玩
046

EAT
好吃
053

BUY
好买
055

3 西关

PLAY

好玩

① 西关古老大屋

岭南建筑的精髓 ▌ **推荐星级** ★★★★★

攻略HOW

地址 广州市荔湾区逢源北街
交通 乘地铁1号线长寿路站出站
电话 020－22822278

西关是人们对明清时期位于广州西门外的一片区域的统称，从明代起这里就是重要的对外通商口岸，因此很多富商豪门在这里建造宅院，这些宅院就是今天的西关古老大屋。这些宅子大多高大明亮，有院有厅，装饰十分精美。屋内的结构多为对称式，中间主要由门廊、门厅、轿厅、正厅、头房、二厅、二房等部分依次构成，两侧则辅以书房、卧室、偏房等部分，布局十分规整。屋内的陈设都很富贵华丽，家具均由高级木料制成，四处还张贴有各种条幅、对联等，体现出原先主人的高雅趣味。

2 # 青年公园

多功能的市民公园 ▌ 推荐星级 ★★★★

　　青年公园坐落于广州城西的珠江大桥脚下，是一处多功能的市民公园。公园面积为3.5公顷，主要分管理服务区、娱乐服务区、体育服务区和安静休息区等四个部分。公园内种植了大量的绿化植物，配以大面积的草坪，使得这里放眼望去一片绿色，空气也十分清新，非常适合人们放松休息。此外，在体育服务区内还有网球场、篮球场、羽毛球场、乒乓球场等体育设施，而在娱乐服务区设置有烧烤场所，可以满足人们节假日休闲游玩的大部分需求，是广州市民最常来的一处公园。

攻略HOW

地址 广州市荔湾区南岸路5号
交通 乘地铁5号线中山八路站出站
电话 020-81703926

③ 荔湾湖公园

看风光无限的荔湾湖 ▌推荐星级 ★★★★

荔湾湖公园位于广州风景最优美的荔湾区，这座公园是1958年由广州人民亲手义务建成，公园面积达40万平方米，其中2/3的面积是广州四大人工湖之一的荔湾湖。荔湾湖公园因湖制宜，将荔湾湖分作小翠湖、玉翠湖、如意湖、五秀湖等几个部分，当中通过亭台楼榭和各种廊桥连接，景致十分美丽。除了自然风景外，在公园里还设置了健身场馆、游泳池、游艇、儿童乐园等各种游乐设施，还有各种餐厅和小卖部。人们在这里可以随心所欲地放松休息，好似身处天堂。

4 荔湾博物馆

展现荔湾的历史 ▌**推荐星级** ★★★★★

攻略HOW

地址 广州市荔湾区龙津西路逢源北街84号

交通 乘地铁5号线中山八路站出站

电话 020-81939917

门票 8元

荔湾博物馆成立于1996年，是一座以收藏、陈列和研究荔湾历史、文化、民俗为主要内容的区级博物馆。博物馆本身就是一座充满艺术感的建筑精品，这是一幢民国时期的西式别墅，里面有仿罗马式的石柱和拱门，有典型的岭南山水庭院，将中西建筑风格很好地融合在了一起。博物馆里陈列着很多荔湾地区过去衣食住行等多方面的资料、图片、实物等，充满了浓浓的传统岭南气息。同时还有不少出生于荔湾的历史名人的介绍，将这片伟大土地的文化完全展示了出来。

5 仁威庙

岭南建筑艺术的精髓 ▌推荐星级 ★★★★★

攻略HOW

地址 广州市荔湾区龙津西路仁威庙前街

交通 乘地铁5号线中山八路站出站

电话 020-81705462

　　仁威庙坐落于广州龙津西路仁威庙前街，这是一座专门供奉道教真武大帝的神庙，这座神庙始建于宋朝，是旧时泮塘恩洲十八乡里最大最古老的道教神庙。整座仁威庙的平面呈梯形，正中为主体建筑，左右分别有东西配殿，后面还有斋堂、后楼等建筑。其中主体建筑为砖木混合结构，屋顶上使用绿灰筒瓦，并以蓝琉璃瓦剪边，还有很多造型精美的雕塑饰品，十分壮观。殿内每个木质构件上均有象征着吉祥的纹饰，并依潮州金漆木雕的风格上漆贴金，显得金碧辉煌，堪称岭南建筑艺术的精髓。

6 詹天佑故居

詹天佑的出生地 ▌推荐星级 ★★★★

　　1861年3月17日，詹天佑出生在位于广州荔湾区恩宁路十二甫西街芽菜巷42号的一座很普通的民宅里，他在这里度过了他的童年与青年时光。如今这里是詹天佑纪念馆，其中

攻略HOW

地址 广州市恩宁路十二甫西街芽菜巷42号

交通 乘地铁1号线黄沙站出站

电话 020-81377281

分为詹天佑故居、展览厅和八达岭铁路的复制品三个部分。故居部分是一座青砖砌成的传统西关宅院，屋内的陈设还保留了当年的样貌，收藏了大量詹天佑的遗物，包括京张铁路使用过的钢轨、铜铃；认购钢料的样板盒；他生前用过的画图仪器、字帖等。

7 文塔

供奉文曲星的宝塔 ▌ 推荐星级 ★★★★

文塔位于泮溪酒家对面的云津苑内，此塔建于明末清初，塔高13米，塔身为六角形，塔顶是金字塔尖顶，整座塔线条流畅，造型古朴，虽然样子不算起眼，但是也是一处不可忽视的重要景点。传说在古时这里是奉祀魁星的所在，因此这座塔的形状也被说成是一支笔朝向天空的样子，也总有不少文人才子到这里来祈祷自己考试顺利，金榜题名。每逢端午节，在文塔附近还会举行盛大的赛龙舟活动，在高耸的文塔下观看千帆竞渡，也是一桩美事。

攻略HOW

地址 广州市荔湾区龙津东路919号
交通 乘地铁1号线陈家祠站出站
电话 020-81709754

8 八和会馆

供粤剧艺人集中居住的地方 ▌ 推荐星级 ★★★★

八和会馆是由一群粤剧艺人所建立的粤剧演员行会组织，会馆馆址位于广州黄沙旧地海旁街。馆内面积很大，可以容纳千余人。其间共分作八堂，分别是兆和堂、庆和堂、福和堂、新和堂、永和堂、德和堂、慎和堂、普和堂，不同的粤剧行当演员被分配到不同的堂内居住。此外这里还有方便所、养老院、一别所、小学、何益公司等附属设施。

攻略HOW

地址 广州市荔湾区恩宁路177号
交通 乘地铁1号线黄沙站出站
电话 020-81701877

9 陈家祠

保存最完好的清代建筑之一 ▎推荐星级 ★★★★★

攻略HOW

地址 广州市荔湾区中山七路恩龙里34号

交通 乘地铁1号线陈家祠站出站

电话 020-81814559

门票 10元

　　陈家祠是清代时建成的陈姓宗祠，是广州地区保存最为完好而又富有代表性的清代民居建筑之一。其中主体建筑有五座三进，分作九堂六院，占地总面积6400平方米。中轴线上依次为大门、聚贤堂和后座，两侧辅以19座大小建筑，形制规整统一，很具特色。聚贤堂位于祠堂中心，这里庭院宽敞，气宇轩昂，所有的梁柱都经过了精雕细琢，屋顶上的陶塑瓦脊做工精细，是难得的艺术精品。在堂中还有一座巨大的木质屏风，也是一座木雕的精品。此外这座祠堂在古时还用作书院，供考试的学子读书应考使用。

好吃

1 合得人雄记酒家

吃传统而富有新意的粤菜 ▌推荐星级 ★★★★★

攻略HOW

地址 广州市荔湾区西华路31号
交通 乘地铁1号线陈家祠站出站
电话 020-88901680

　　位于西华路上的合得人雄记酒家在广州几乎无人不晓，这家酒家虽然位居深巷，却名声在外；虽然经营的是传统的粤菜，但是经常会有很多独创的菜式，店主将湖南、四川甚至新疆的做菜风格融入了粤菜的口味中。比如这里的"盐烧虾"就是在当中加入了新疆风味的孜然，形成了现在又香又脆的独特风味。说到招牌菜，更是不能不提到这里的西施鸡，这道菜皮脆肉嫩，香气扑鼻，是最受人追捧的一道名菜。

② 泮溪酒家

广州三大园林酒家之一 ▎推荐星级 ★★★★★

　　泮溪酒家位于风光旖旎的荔湾湖公园旁，早在1000多年前，这里就是南汉国皇帝的御花园，因此这里也与北园、南园一道合称为广州三大园林酒家。1947年酒家开业时，因为附近有数条小溪流过，所以就有了泮溪酒家这个名字。泮溪酒家从20世纪60年代初成为最宏大的园林建筑，店内的假山是根据《东坡游赤壁》的图谱而建，假山上设有豪华的"迎宾楼"，里面的装饰博采众园之精华，雕梁画栋，金碧辉煌，让人看了赞不绝口。除了装潢精美外，这里的粤菜也是出类拔萃，各式特色菜肴均是大厨精心打造，让人过口难忘。

攻略HOW

地址 广州市荔湾区龙津西路151号

交通 乘地铁5号线中山八路站出站

电话 020-81815955

好买

I 西关古玩城

我国四大古玩市场之一 ▎**推荐星级** ★★★★★

　　西关古玩城是一条全长1公里的古玩专业街，毗邻西关古屋等知名的旅游景点，交通十分便利。这里经营着各种古旧陶瓷、名人字画、文房四宝、翡翠玉器及不同风格的新旧艺术品等，被称为我国四大古玩市场之一。这里所出售的古玩中有很多都是材质上乘、工艺精湛的名家手笔，因此每天都会有很多古玩爱好者来到这里互相交流和交易。而这里也时常会举行一些展览会、鉴定会和拍卖会等活动，甚至还有不少人将流失海外的文物精品带回，为国家取回失散的宝物。

攻略HOW

地址 广州市荔湾区逢源路梁家祠街1号

交通 乘地铁5号线中山八路站出站

电话 020-81198818

② 恒宝华庭

年轻人喜爱的逛街淘宝地 ▮ 推荐星级 ★★★★★

攻略HOW

地址 广州市荔湾区宝华路133号
交通 乘地铁1号线长寿路站出站向南步行2分钟即可到达

　　毗邻上下九的恒宝华庭是一处颇受年轻人喜爱的逛街淘宝地，除去年轻人都喜爱的各种款式新潮、价格便宜的小店之外，这里的欧洲站则是喜爱时尚名品的人们所热衷的一个淘宝地，荟萃LV、GUCCI、DIOR、WESTDOOD等品牌，不同款式的包都是店主从欧洲或中国香港进货，保证原版正品，而且价格也比专柜便宜实惠，吸引了众多时尚爱好者的光顾。

③ 黄沙海鲜市场

广州最大的鲜活海鲜批发市场 ▮ 推荐星级 ★★★★

　　黄沙海鲜市场是广州最大的鲜活海鲜批发市场，在这里拥有300多个店铺以及自己的码头，无论是远洋大渔轮还是普通的小型捕鱼船都可以停泊，因此这里的海鲜都是直接从船上下来的最新鲜的货品。其中主要有鱼、虾、蟹、贝类等咸淡水水产品品种200多个，在我国港澳与东南亚地区都有着很高的声誉。

攻略HOW

地址 广州市荔湾区黄沙大道140号
交通 乘地铁1号线黄沙站出站
电话 020—81259680

4 沙面岛

PLAY
好玩
058

EAT
好吃
063

BUY
好买
065

PLAY 好玩 058

EAT 好吃 063

BUY 好买 065

4 沙面岛

PLAY

好玩

沙面岛

富有欧陆风情的小岛 ▌**推荐星级** ★★★★★

　　沙面岛位于广州市区以西，这座小岛面积仅有0.3平方公里，在新中国成立前曾长期被英法等国辟为租界，因此至今这里还保留着浓郁的欧陆风情，岛上的建筑也多为欧式风格。其中包括著名的法租区天主教堂、英租区基督教堂、原汇丰银行行址、原英国领事馆、原法国领事馆等53座重要建筑。它们向人们展示着当年欧式建筑的巴洛克风格和新古典风格等建筑样式，将19世纪时期的欧陆风情呈现给每一个人。

攻略HOW

地址 广州市荔湾区沙面岛
交通 乘地铁1号线黄沙站C出口出站

2 沙面街文化站

由洋行办事大楼改建的文化站 ▌推荐星级 ★★★★

　　沙面街文化站位于沙面北街，这座建于1915年的三层建筑曾经先后被英国渣打银行、荷兰好时洋行和美国德士古洋行作  为办事处使用。如今这里则是政府设立的文化站，里面拥有图书馆、电子阅览室、儿童阅览室、文艺沙龙、老年之家等设施。置身于这座老建筑中，除了能感受到浓郁的异域情调外，这里特有的那种娴静浪漫的氛围更是吸引人，让人好像回到了百年之前一般。

3 沙面公园

临湖而建的美丽公园 ■ 推荐星级 ★★★★

攻略 HOW

地址 广州市荔湾区沙面南街3号
交通 乘地铁1号线黄沙站出站
电话 020-81217557

沙面公园位于沙面岛南部，面积2.14万平方米。这里原为英法租界内的前堤花园和皇后花园，新中国成立后经过一系列的扩建和改造后成为现在的规模。公园毗邻美丽的白鹅潭，视野开阔，美景天成。特别是在满月时节，一轮皎洁的月亮照亮了整个湖面，将整个白鹅潭染成了一片银色，有一种说不出的美丽。此外这里还建有大型开阔的广场和儿童游乐设施，适合全家人一起到这里来放松游玩。

4 邮政博览馆

介绍广州的邮政历史 ■ 推荐星级 ★★★★

攻略 HOW

地址 广州市荔湾区沿江西路43号
交通 乘地铁1号线黄沙站出站
电话 020-87001513
门票 6元

邮政博览馆原本为民国时期的广东邮务管理局、邮电部广州邮局和广州市邮政局的办公楼，后被改造成集展览、收藏和销售等功能于一身的综合性博览馆。博览馆内主要分作三大展厅，一楼展厅为集邮中心，主要展出和销售各种邮品。二楼则展示了我国悠久的邮政发展历史和具有岭南特色的广州邮政历史，包括早期通信方式和清朝、民国等各时期的邮政历史。而三楼则展出了改革开放后广州邮政突飞猛进的发展。

5 珠江夜景

珠江绚烂多姿的夜景 ▌推荐星级 ★★★★★

珠江是广州的母亲河，从广州城中流淌而过。在珠江两岸汇集了欧式风格的旧式建筑和现代化的高楼大厦以及传统岭南风格建筑等各式各样的景观。每到夜幕降临，华灯初上之时，珠江两岸都会被绚烂的灯光染成各种颜色，人们可以乘坐游船在珠江中航行，一边欣赏被彩色霓虹灯映得五彩斑斓的江水，一边还能仔细观看两岸各种建筑物婀娜的身姿，这夜景一点也不比世界三大夜景（中国香港、函馆和那不勒斯夜景）逊色。

攻略HOW

地址 广州市荔湾区沿江西路西堤码头

交通 乘地铁1号线黄沙站出站

电话 020-81013912

6 露德圣母堂

简洁明快的圣母堂 ▌推荐星级 ★★★★

攻略HOW

地址 广州市荔湾区沙面大街
14号
交通 乘地铁1号线黄沙站出站
电话 020-81217858

位于沙面大街14号的露德圣母堂是一座哥特式的教堂建筑，原本是法国驻华领事馆为当地的法国教徒们而兴建的。这座教堂线条简洁流畅，将哥特式建筑的特点完全展现了出来，正面有高大的尖塔，呈上中下三段样式，显得十分宏伟壮观。礼拜堂内有一座大型的礼拜厅，可以同时容纳2000人进行弥撒，大厅的墙面装饰考究，墙上开有大型的长窗，长窗上有玫瑰窗，使得大厅内的光线十分柔和。

4 沙面岛

EAT

好吃

Ⅰ 沙面异域风情美食区

品尝世界各地的美食 ▌推荐星级 ★★★★★

沙面岛可以说是广州最具欧洲风情的地方，在这里除了有大量的西式建筑之外，各种欧洲风味的美食也是这里最大的特点。这些美食店大多会聚在沙面异域风情美食区，其中除了白天鹅宾馆、新荔枝湾酒家、侨美酒家等高档酒家外，还包括充满异域风情的达宁咖啡堡、越南菜馆和泰国菜馆等16家经营外国菜肴的饭馆。在这片不大的区域中可以随时品尝到来自东南亚、欧洲甚至非洲的经典美食，人们不需要千里迢迢地赶赴异乡就可以尝遍世界各地美食。

2 白天鹅宾馆

我国第一家五星级酒店 ▌推荐星级 ★★★★★

白天鹅宾馆位于沙面岛南端，是香港爱国企业家霍英东先生出资兴建的，也是我国第一家五星级宾馆。建成之初，这座宾馆高档的设施和精美的布置吸引了当时人们的目光，因此霍英东先生毅然将宾馆免费对外开放，谁都可以进入宾馆参观这里美丽如画的庭院和奢华的客房，更使得这家宾馆声名鹊起，一举成为我国对外开放的窗口之一。

攻略HOW

地址 广州市荔湾区沙面南街1号
交通 乘地铁1号线黄沙站出站
电话 020-81886968

好买

| 清平中药材专业市场

唯一建在大都市中心区域的药材专业市场 ▌推荐星级 ★★★★

位于六二三路的清平中药材专业市场是我国保留的17个中药材专业市场之一，是最早也是唯一建在大都市中心区域的中药材专业市场。市场设置在两座岭南风格的骑楼上，但是外观上也借鉴了不少欧式装修风格，这种中西合璧的样式在广州也不是很多见。走进市场，一股浓烈的药香味就扑鼻而来，在这里共有数十家中药商户，随处都能见到一捆捆一扎扎的中药材，各种操着不同方言的话语声此起彼伏，十分热闹。

攻略HOW

地址 广州市荔湾区珠玑路25号
交通 乘地铁1号线黄沙站出站
电话 020—81229899

PLAY
好玩
067

EAT
好吃
070

BUY
好买
072

好玩

1 广州火车站

华南铁路枢纽 推荐星级 ★★★★

广州火车站建于1951年，其前身是建在大沙头的九广铁路终点站。作为华南地区的铁路枢纽之一，广州火车站地处广深铁路、京广铁路、广三铁路三条铁路交会处，是华南地区最大的客运车站，每年春节前夕，站前都会聚集数十万回乡过年的打工者，成为全国春运的一道缩影。

攻略HOW

地址 广州市越秀区环市西路159号

交通 乘地铁2号线三元里站出站向北步行1分钟即可到达

电话 020-61357581

2 友谊剧院

历史悠久的剧院 ▌推荐星级 ★★★★

地址 广州市越秀区人民北路698号

交通 乘地铁2号线三元里站出站向南步行3分钟即可到达

电话 020-86668991

友谊剧院全名广东省艺术中心友谊剧院，迄今已有40余年历史，经过重新改造装修后拥有先进的音响、灯光设备，国内众多中央与省级剧团都曾经在友谊剧院演出，此外还有英国皇家芭蕾舞团等上百个国家及地区的艺术团体在这里登台演出，堪称广州市的一座文艺演出中心。

3 广雅中学

中国近现代教育史活的见证 ▌推荐星级 ★★★★★

地址 广州市荔湾区西湾路1号广雅社区内

交通 乘地铁5号线西场站出站后向东步行5分钟即可到达

电话 020-81261280

历史悠久的广雅中学由两广总督张之洞创建于清光绪十四年（1888年），这座风景秀丽的学校内随处可见建于清末的建筑，如湖心亭、九曲桥、广雅亭、南皮亭、莲滔馆等古建筑点缀在校园各处，是一处典雅的岭南园林建筑，带有浓浓的南方书院风格，同时也被称为"中国近现代教育史活的见证"。

4 流花湖公园

晋代芝兰湖所在 ▎**推荐星级** ★★★★

流花湖公园的前身相传是晋代的芝兰湖，现今呈现在游人面前的这座岭南风光的园林则是1958年广州市政府组织全市义务劳动清理水患后建成的，园内随处可以看到高大的棕榈树、榕树、开花灌木等植被，而碧波荡漾的湖面和湖畔四周轻巧灵秀的岭南建筑则相映成趣，素有"岭南盆景之家"的美誉，充满浓郁的亚热带风情。

攻略HOW

地址 广州市荔湾区东风西路163号

交通 乘地铁5号线西场站出站后向东步行10分钟即可到达

电话 020-86662196

5 广州火车站

EAT

好吃

① 流花粥城

感受活色生香的艇仔粥文化 ▌推荐星级 ★★★★★

流花粥城位于流花湖公园内一处人工湖中，湖四周环绕着雅致的亭台楼阁和水榭回廊，水波荡漾的湖面上漂浮着一叶叶扁舟，与周围摇曳的树影和水中嬉戏的鱼虾相映成趣，光影映照下恍若旧日广州荔湾风情重现。

在流花粥城赏景之余不要忘了品尝这里的艇仔粥，不仅用料上乘，而且味道正宗，喝粥之余还可亲身感受这原汁原味的"艇仔粥文化"。

2 南海渔村

广州刺身的发源地 推荐星级 ★★★★

　　早在1986年就开始制作刺身的南海渔村是广州刺身的发源地，西班牙国王及王后、韩国总统及夫人、中国台湾省"孔孟学会"理事长李焕等国内外贵宾都曾是南海渔村的座上贵宾。南海渔村四周绿树成荫，除了远近闻名的刺身外，还可以在这里品尝口味醇正的粤菜海鲜料理，享用美食之余还可欣赏窗外流花湖畔的秀美景色。

5 广州火车站

BUY

好买

I 步步高时装广场

大型服饰批发购物城 ▌推荐星级 ★★★★

毗邻广州火车站和广州汽车总站的步步高时装广场是一处以中、高档现代时装批发为主的大型服饰购物广场，商场内汇集了众多时尚新潮的服装饰品，其中大量款式新奇的日韩服装颇受年轻人喜爱，堪称引领广州潮流时尚的风向标之一。

攻略HOW

地址 广州市越秀区环市西路184号

交通 乘地铁2号线三元里站出站向西步行2分钟即可到达

电话 020-86663989

② 流花服装批发商业区

国内规模最大的服装批发市场之一 ▌推荐星级 ★★★★★

　　广州是华南地区乃至全国规模最大的成衣市场中转站，在广州火车站附近，以白马商贸大厦、天麻大厦、时装批发中心、黑马大厦、广州服装汇展中心、白马西郊商厦、金马皮革服装中心等14家大型批发市场为中心，形成一处规模庞大、经营各种品牌、不同档次服装的服装批发区，吸引了全国各地的服装经销商在这里进货、发货，据说每天有超过40吨的服装会从这里发往全国各地。此外，流花服装批发商业区也吸引了众多广州年轻人节假日在这里选购中意的服饰，是一处可以超低价淘到心仪服装的地方。

攻略HOW

地址 广州市越秀区站南路24号
交通 乘地铁2号线三元里站出站向西南步行5分钟即可到达
电话 020-86668428

越秀公园6

PLAY 好玩 075

EAT 好吃 089

BUY 好买 090

PLAY

好玩

① 越秀公园

广州的标志性景点 ▋ **推荐星级** ★★★★★

攻略HOW

地址 广州市越秀区解放北路988号

交通 乘地铁2号线越秀公园站出站，乘坐5、7、21、24、33、42路公交车在越秀公园站下车

电话 020-83127257

越秀公园是广州的最著名的景区之一，这里既有优美的自然景观，也有极具价值的人文景致。越秀山是这里的核心景点，它的山势挺拔俊秀，林木葱茏，各种亭台楼阁在其间若隐若现，有着令人赞叹的秀丽景色。站在主峰越井冈上不但可以把越秀公园的诸多景点尽收眼底，还能纵览广州城的繁华风光。北秀、南秀、东秀三个湖泊是这里的又一大景致，湖面碧波荡漾，湖畔芳草依依，各种美景不可胜数。来到这里还能看到不同时代的建筑景观，以及诸多具有历史意义的文物古迹。

1 五羊塑像 广州城的象征

位于越秀山木壳冈上的五羊塑像是广州城的象征，它塑造于20世纪60年代，已经成了一个家喻户晓的景点。这个塑像取材于广州城的建城传说，其造型逼真，栩栩如生，令观者赞叹不已。

位于越秀山小蟠龙冈上的镇海楼是广州最著名的楼阁景点，它的气势雄伟，造型华美，被誉为"岭南第一胜览"。登上镇海楼虽然不能像过去那样遥望到波澜壮阔的大海，但却能领略到广州优美的自然风光和繁华的都市风景。

❷ 兰圃

观赏兰花的好去处 ▎推荐星级 ★★★★

建于新中国成立初期的兰圃是广州最著名的植物园景区，它本是一个普通的植物标本园，但经过几十年的发展和改造，现在已经成为五羊城的一个著名景点。这里空气清新，景色优美，东园是这里的核心景区，那里种植着大荷花素、大凤尾素、石斛兰、仙殿白墨等200余种数万株兰花，每到鲜花开放之时，园内就会芳香四溢，令人沉醉。西侧的芳华园和明镜园是典型的江南园林，那里的亭台楼阁和曲径通幽的小道，无不流露出一种精致的美感。

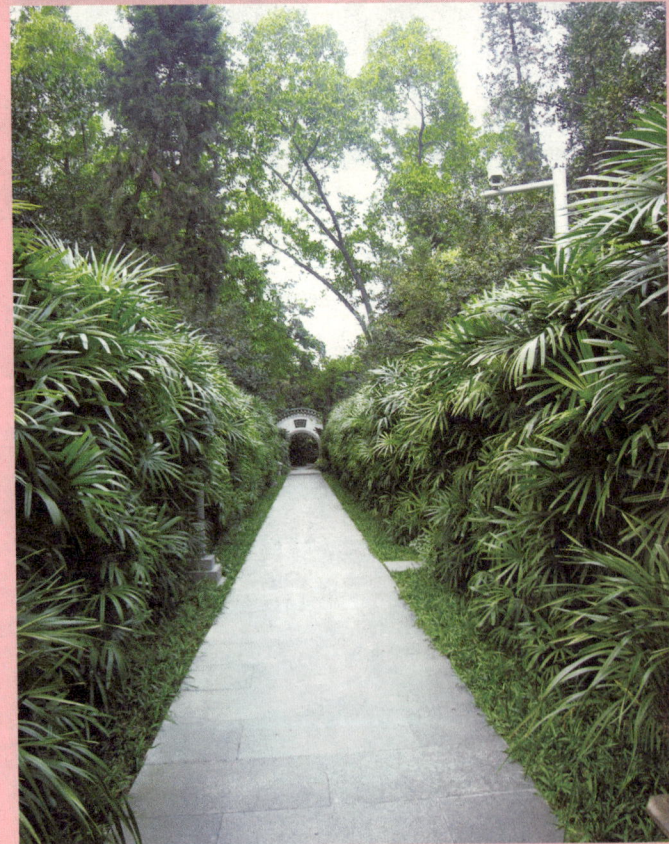

攻略HOW

地址 广州市越秀区解放北路901号

交通 乘地铁2号线越秀公园站出站，乘坐5、7、21、24、33、42、58、87路公交车在越秀公园站下车

电话 020-86664602

门票 5元

3

西汉南越王墓博物馆

汉代遗迹博物馆 ▮ 推荐星级 ★★★★★

攻略HOW

■**地址** 广州市越秀区解放北路
867号
■**交通** 乘地铁2号线越秀公园站
出站，乘坐5、7、33、42、480、
284、549路公交车在解放北路站
下车
■**电话** 020-36182475
■**门票** 15元

西汉南越王墓博物馆是广州地区最大的汉代博物馆，它建立在西汉南越王国第二代国王赵
昧的陵墓上，拥有大量的珍贵藏品，因此极具观赏价值。这里展出的物品大都是南越王陵里发
掘出来的随葬品，其中包括珍贵的金器、银器和玉器，也有日常生活中所使用的铜器、铁器和陶
器，里面还有15名殉葬者的尸骨。西汉南越王墓博物馆里最珍贵的展品当数象征墓主人高贵身份
的金缕玉衣和刻有"文帝行玺"字样的金印，它们都是国王的御用品。

4 广州美术馆

仿古造型的美术馆 ▌推荐星级 ★★★★★

攻略HOW

地址 广州市越秀区镇海路
交通 乘地铁2号线越秀公园站出站，乘坐5、7、21、24、33、42、58路公交车在越秀公园站下车
电话 020-83541016

广州美术馆建于20世纪30年代，是广州最著名的艺术展馆。它的外形具有典型的明清建筑风格，青砖绿瓦，雕梁画栋，十分精美，走进馆内又能感受到现代化建筑那钢筋铁骨的气息。

这里收藏了自宋代以来的诸多艺术佳作，它们大都是中国传统风格的作品，既有潇洒写意的水墨画，也有苍劲有力的书法作品，各种兼具艺术价值和文物价值的石碑和拓片也很有看头。这里还有生动细腻的雕塑作品，以及师法西方的油画、速写、素描等类型的艺术佳作。

广州锦汉展览中心

广州著名的商务会展中心 ▍ 推荐星级 ★★★★

广州锦汉展览中心是一座具有宏伟气势的现代化建筑，它的造型简约大方，有着庄重典雅的风情。来到展览中心内部，可以感受到这里合理布局所带来的明快气息，各个展厅展位尽可能地利用了空间，却又没有给人带来纷繁臃肿的感觉。广州锦汉展览中心拥有各种先进的设施和场馆，其中最大的场馆当数可以容纳650人的现代会议大厅，它是举行各种大型会议的理想场所。这里的各种配套设施齐全，还可以供应中西餐点，并设有专门的休息区。

攻略HOW

地址 广州市越秀区流花路119号

交通 乘地铁2号线越秀公园站出站，乘坐5、7、21、24、33、42、58路公交车在越秀公园站下车

电话 020-36235671

6 三元宫

广州最有名的道观 ▉ 推荐星级 ★★★★

三元宫建于东晋年间，此后历代均有修葺，迄今已有近2000年的历史了，是广州最大也是最为古老的道教建筑。这是一组典型的宫殿式建

攻略HOW

▉ **地址** 广州市越秀区应元路11号
▉ **交通** 乘地铁2号线纪念堂站出站，乘坐33、211路公交车在三元宫站下车
▉ **电话** 020-83551548
▉ **门票** 3元

筑，有着严谨的整体布局，各处殿堂错落有致，极具欣赏价值。三元殿是景区内的核心建筑，它的独特之处在于和钟楼、鼓楼以及拜廊相互连接，成为一个有机的整体。这里除了具有独特的建筑美感外，还珍藏了历代的宗教艺术作品，其中最值得一看的当数大画家吴道子所绘制的观音石刻壁像。

7 中山纪念堂

纪念革命先行者孙中山的地方 ▉ 推荐星级 ★★★★★

攻略HOW

▉ **地址** 广州市越秀区东风中路259号
▉ **交通** 乘地铁2号线纪念堂站出站，乘坐2、27、56、62、74、80、83路公交车在中山纪念堂站下车
▉ **电话** 020-83552030
▉ **门票** 10元

中山纪念堂是广州的标志性建筑物，它由当地人民和海外华侨共同筹资而建，自建成之日起就成为广州的象征之一。这是一座典型的中国宫殿式建筑，有着雄伟壮观的气势，各处装饰精美，尤其是那金碧辉煌的尖塔式屋顶在阳光的照射下放射出绚丽的光芒。走近中山纪念堂可

以看到那块悬挂在正门上的匾额，上面的"天下为公"四个大字是孙中山手书的。纪念堂内拥有翔实的资料，向来到这里的人们介绍这位伟大的革命先行者的光辉一生和不朽业绩。

孙中山纪念碑
屹立在越秀山上的纪念碑

孙中山纪念碑高达37米，它屹立于越秀山的主峰越井冈上，有着雄伟绝伦的气势，是广州的地标式景点之一。这座纪念碑是由花岗岩砌筑而成，正面雕刻着孙中山的遗嘱全文，基座的部分还有精美的羊头石雕。

8 广东科学馆

领略科技奇妙之处的展馆 ▌推荐星级 ★★★★★

广东科学馆是一个集科普、旅游、休闲等功能于一体的综合性景区，它也是深受少年儿童欢迎的展馆。实验与发现馆是最具互动性的地方，这里能让参观者亲身体验到各种科学原理及其奇妙之处。飞天之梦馆是介绍航空、航天知识以及成果的地方，并为孩子们提供放飞梦想的翅膀。4D影院是充满刺激感受的地方。交通世界馆则是介绍各种交通工具并展望未来发展趋势的场馆。而数码世界馆、感知与思维馆也都是各有特色的展馆。

攻略HOW

地址 广州市越秀区应连新路171号
交通 乘地铁2号线纪念堂站出站，乘坐33、211路公交车在应元路站下车
电话 020-83549974
门票 60元

9 越王井

秦汉时期的水井 ▌推荐星级 ★★★

攻略HOW

地址 广州市越秀区应元路
交通 乘地铁2号线纪念堂站出站，乘坐33、211路公交车在三元宫站下车
电话 020-83549974

越王井被称为广州最古老的水井，相传它是汉初南越王赵佗所开凿的，当时名为玉龙泉，是一口王室御用井。这口直径为2.1米的水井，在它经历过的岁月当中，大部分时间都是供平民百姓打水所用的，并在宋代加盖了九孔的水井盖，直到晚清才因为环境污染而无法使用。现在这口水井虽不能打水饮用，但仍是广州的一个著名景点，游客们来到这里可以看到井盖残石和"九眼古井"石碑。

六榕寺

历史悠久的禅宗寺庙 ▌**推荐星级** ★★★★★

六榕寺是广州地区最为古老的寺庙之一，它始建于南北朝时期，迄今已有1400多年的历史，曾几经毁坏重建，现存的建筑主要是北宋及其以后的各朝所建造的。走过牌坊式的山门可以看到供奉弥勒佛的弥勒殿，附近还有天王殿和韦驮殿等雄伟的殿堂。这里的核心景点是高大的千佛宝塔，它的造型典雅大方，是周边地区的制高点。大雄宝殿是六榕寺内香火最为旺盛的地方，里面供奉的三尊黄铜佛像是广州地区最大的古佛像。

攻略HOW

地址 广州市越秀区六榕路269号
交通 乘地铁1号线西门口站出站，乘5、7、29、85、86、88、102路公交车在中山六路站下车
电话 020-83392843
门票 5元

光孝寺

历史悠久的古建筑 ▌推荐星级 ★★★★★

　　光孝寺是广州最为古老的建筑之一，历代多有名人在此留下各种印记。这里最早是南越王赵佗第三代子孙的宅第，到了三国时期则是吴国重臣虞翻被贬后讲学的地方，在他亡故之后这里被改建为寺庙。唐朝时，著名的禅宗六祖慧能就是在这里进行受戒仪式的，并开创了赫赫有名的佛教禅宗南派。光孝寺内的古建筑众多，既有唐代的大悲经幢，也有五代时期的铁塔，其后的宋、元、明、清的建筑也应有尽有，都具有很高的观赏价值。

攻略HOW

地址 广州市越秀区光孝路109号

交通 乘地铁1号线西门口站出站，乘128路公交车在人民北路站下车

电话 020-81087421

门票 5元

12 锡安堂

广州著名的老教堂 ■ 推荐星级 ★★★★

锡安堂建造于20世纪初，迄今已有100多年的历史，是广州基督教建筑的代表作。这座教堂的主色调是红色，有着欧陆风情。该教堂名字取自《圣经》中的故事传说，它在广州的宗教界有着重要的地位，自建成之日起就是广州的基督徒们进行宗教活动的固定场所。

走进教堂可以感受空灵的气息，大厅内墙壁上的彩窗有着绚丽的色彩，不时还能看到教徒在这里默默祈祷，每到节假日时，还能看到唱诗班的精彩表演。

13 怀圣寺

广州最早的伊斯兰清真寺 ■ 推荐星级 ★★★★

怀圣寺是广州伊斯兰教徒进行宗教活动的主要场所，它建于唐代贞观年间，是两广地区最早的伊斯兰教的宗教建筑。这座清真寺有着鲜明的阿拉伯建筑风格，但它又采用中国传统的对称布局，两者完美地融合在一起，形成其独特的建筑特色。高达34米的怀圣塔是这里的重要景点之一，它是由青砖砌筑而成，有着鲜明的伊斯兰特色，塔顶原是风向标，后改为尖顶。怀圣寺不对外开放，非伊斯兰教信徒的游客只能在外观看。

14 五仙观

著名的羊城八景之一 ▍推荐星级 ★★★★★

建于明代洪武年间的五仙观是用于祭祀广州建城五仙的地方，迄今已有600多年的历史。这是一组宏伟的宗教建筑，它经过历代的修葺，曾是广州最大的道教建筑之一。五仙观的殿堂众多，从目前残存的仪门、仙迹池等景点就能感受到这里昔日的辉煌。后殿和岭南第一楼是该观保存较为完好的殿堂，它们风格典雅大方，雕梁画栋之处，极为精美。有趣的是后殿东侧有裸露的红砂岩层，上面有一个巨大的足形印记，据说是仙人遗留下来的。

攻略HOW

地址 广州市越秀区惠福西路
交通 乘地铁1号线西门口站出站，乘3、6、8、66、74、82路公交车在惠福西路站下车
电话 020-83330175

EAT

好吃

I 中国大酒店

广州知名的五星级酒店 ▌推荐星级 ★★★★★

攻略HOW

地址 广州市越秀区流花路122号

交通 乘地铁2号线越秀公园站出站，乘坐5、7、33、42、284、480、549路公交车在解放北路站下车

电话 020-86666888

　　开业于20世纪80年代的中国大酒店是广东地区最早的五星级酒店之一，它一直引领着广州酒店业的潮流，是该市综合住宿条件最好的酒店之一。这里的设施齐全，拥有设备完善的健身房，也有网球场、室外游泳池等运动场所。酒店内除了24小时营业的便利店外还有各种品牌商店和邮局等机构。中国大酒店的餐厅提供中西美食，能够让来到这里的人们品尝到风味正宗的各种佳肴。

6 越秀公园

BUY

好买

I 惠福西旧货交易市场

淘宝的好地方 ▍ 推荐星级 ★★★★

攻略HOW

地址 广州市越秀区惠福西路115号

交通 乘地铁1号线西门口站出站，乘3、6、66、82、106、110路公交车在惠福西路站下车

电话 020-81849741

惠福西旧货交易市场是寻找旧时记忆中珍品的好地方，各种已经淡出人们视线的电器在这里都可以找到，能够唤醒来客那尘封多时的记忆。这里是广州著名的二手电器交易市场，各种电子产品应有尽有，那些价格便宜的二手家电包括冰箱、电视机、洗衣机、微波炉等。

这里还曾是广州著名的游戏卡交易市场，现在则是出售各种经典主机及其游戏光盘的地方，同时还有各种周边产品可供顾客挑选。

2 广州顺邮坊邮币卡市场

邮票、货币、纪念卡会聚的街道 ▌推荐星级 ★★★★

攻略HOW

地址 广州市越秀区应元路131号
交通 乘地铁2号线纪念堂站出站，乘坐33、211路公交车在应元路站下车

顺邮坊邮币卡市场是广州知名的淘宝市场，它位于应元大厦之中，每天都有络绎不绝的爱好者在这里搜寻自己所需要的物品。这里以各种邮政藏品的交易为主，市场的价格与北京、上海等地市场价格差不多，只是有许多当地的珍藏在外地不易买到。顺邮坊邮币卡市场也有其他值得购买的商品，例如具有纪念意义的古籍版本，不同时期的毛主席像章，各种仿古的青铜器和玉器，还有70后、80后所喜欢的连环画等物品。

3 陶街

广州著名的二手货交易中心 ▌推荐星级 ★★★★

陶街是广州著名的旧货市场，它由多个商场组成，每个商场都有着自己的独到之处。这里最多的是各种电子产品，许多在现在市场上都是难以看到的，例如DOS时代的电脑，曾经风靡全球的红白机，索尼经典的CD机等，它们在发烧友眼中都是难得的珍品。不过在挑选的时候，还需要买者的火眼金睛来进行辨别。

攻略HOW

地址 广州市越秀区中山六路
交通 乘地铁1号线西门口站出站，乘58、85、88、102、104、107路公交车在中山六路站下车

陶街还是全国最大的二手黑胶碟交易市场，热爱高音质音乐的音乐发烧友，可以在这里找寻自己喜欢的碟片。

海珠广场 7

PLAY

好玩

① 广州解放纪念雕塑

纪念广州解放 ▌推荐星级 ★★★★★

建于1959年的广州解放纪念雕塑位于海珠广场正中央，是为纪念广州解放10周年而建的花岗岩雕塑，最初广州解放纪念雕塑是由尹积昌塑造，1979年潘鹤与梁明诚又重塑了雕塑。呈现在游人面前的这座雕塑高12米，基座四角刻有"一切权力属于人民"的印纹，正面镌刻着新中国成立后广州首任市长叶剑英元帅亲笔题写的"一九四九年十月十四日广州解放纪念"，现今已经成为广州的一处地标。

攻略HOW

地址 广州市越秀区沿江中路205号

交通 乘地铁2号线海珠广场站出站向东

2 沿江路酒吧街

时尚的夜生活酒吧街 ▎推荐星级 ★★★★

攻略HOW

地址 广州市越秀区沿江西路
交通 乘地铁2号线海珠广场站出站

沿江路酒吧街每晚都是灯影交织，各种喧嚣的音乐在耳畔炸响，吸引了众多羊城的时尚年轻男女夜晚聚集在这些装饰风格现代时尚，极富特色的酒吧之中。在灯影交织、光怪陆离的酒吧中释放激情之余，也可以欣赏街边的珠江夜景，还有众多来自国外的游客也会慕名来到这里，感受广州五彩缤纷的夜生活。

3 石室圣心教堂

美轮美奂的哥特式教堂 ▎推荐星级 ★★★★★

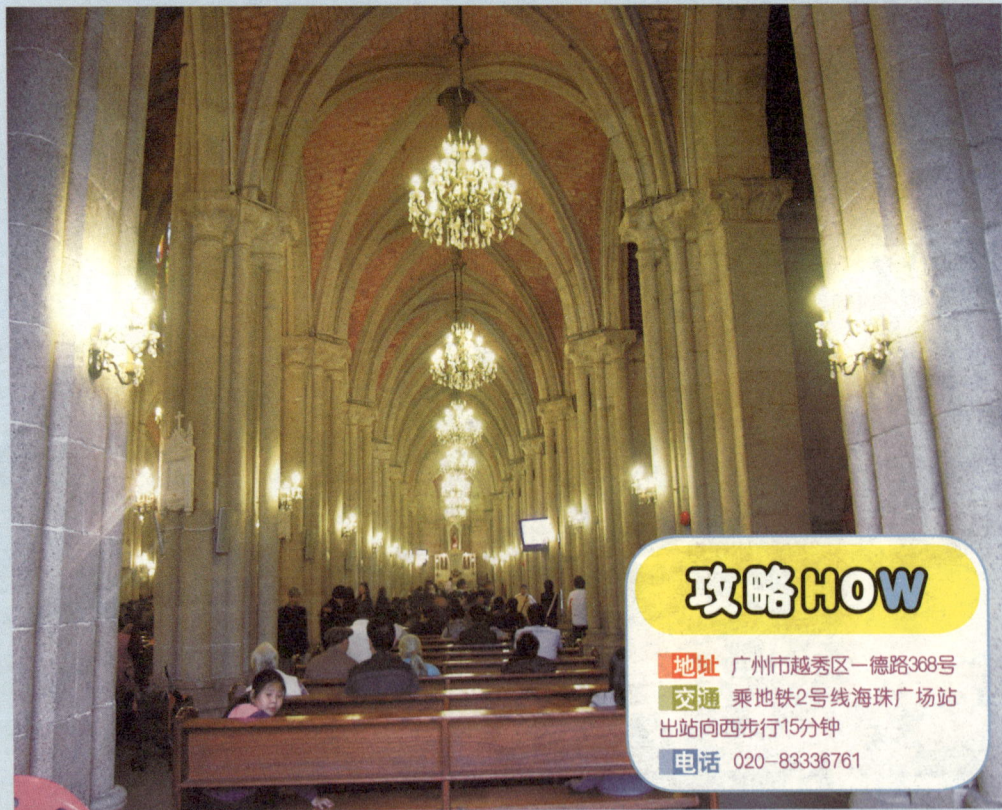

攻略HOW

地址 广州市越秀区一德路368号
交通 乘地铁2号线海珠广场站出站向西步行15分钟
电话 020-83336761

由法国天主教普行劝善会于清光绪十四年（1888年）修建的石室圣心教堂是一座外观美轮美奂的哥特式教堂，因教堂采用花岗岩修建，内部供奉耶稣圣心为主保，故而得名石室圣心，又被称为"石室耶稣圣心堂"。教堂最引游人瞩目的就是正面两座高58.5米的高耸双尖石塔，大门和四周墙壁分布的合掌式花窗棂以法国制造的七彩玻璃镶嵌，形成室内柔和、肃穆的光线，充满庄严的宗教气氛。

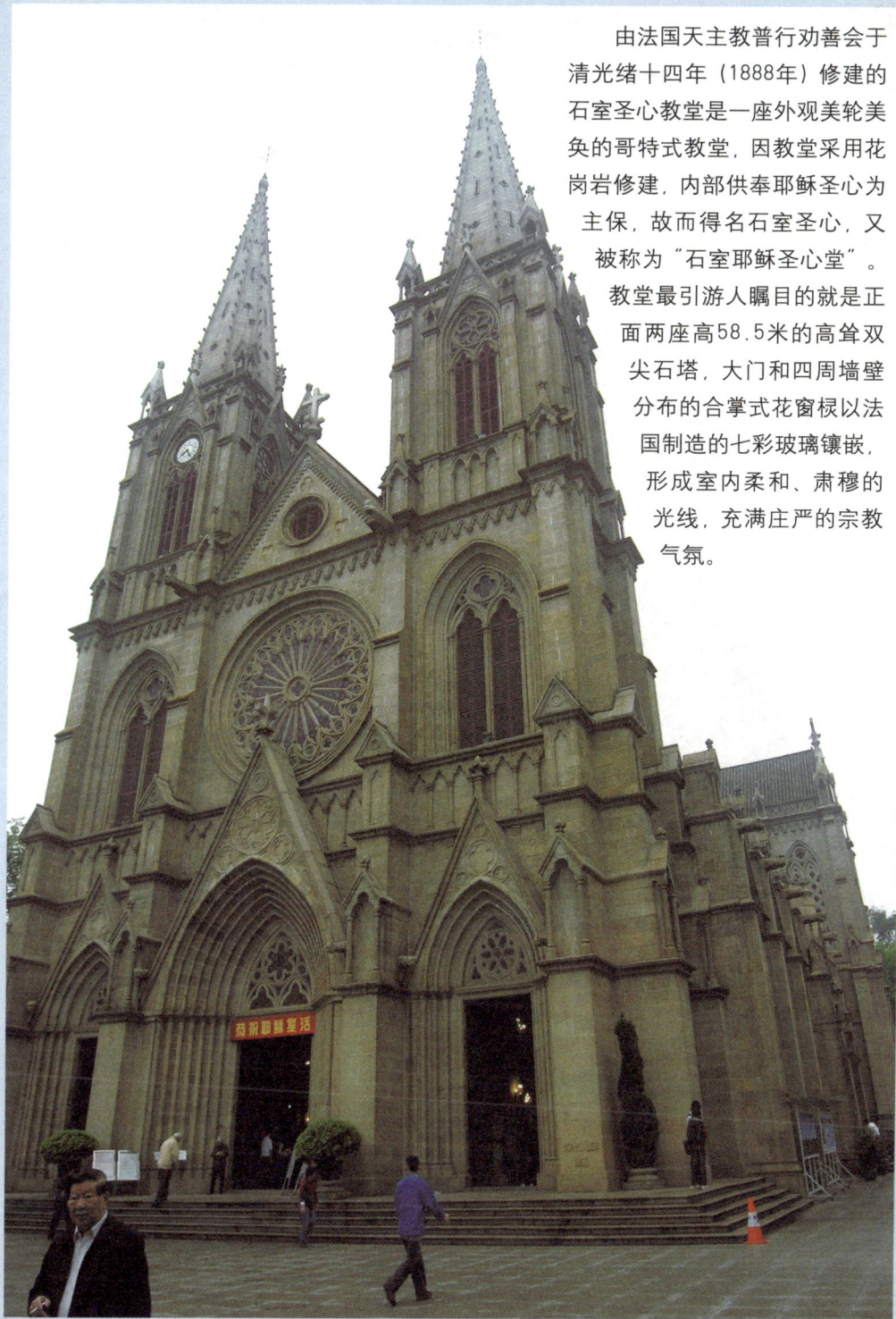

海珠广场

4 爱群大厦

老广州的地标性建筑 ▌ 推荐星级 ★★★★★

始建于1934年的爱群大厦外观好似同时代的美国摩天大楼，共15层的爱群大厦高64米，曾被当时广州媒体赞誉为"开广州高层建筑之新纪元"，是20世纪30年代广州最高档的酒店，素有南中国之冠的美誉。此外，在广州解放时，作为当时的广州地标、最高建筑的爱群大厦也曾悬挂高30米、宽10米的《中国人民站起来了》巨型宣传画，是无数老广州人心中永恒的城市记忆。

攻略HOW

地址 广州市越秀区沿江西路113号

交通 乘1、4、57、58、61、64、128、131、134、186、208、219、236、238、281路公交车在爱群大厦站下

电话 020-81866668

好吃

1 胜记海鲜饭店

广州最大的大排档之一 ▋推荐星级 ★★★★★

创办于1983年的胜记海鲜饭店是广州最早的一批大排档之一，近30年来一直以粤菜家常小炒而闻名。现今的胜记海鲜饭店早已不是当年街边拼上几张桌子的大排档，而是金碧辉煌的海鲜饭店，但不变的是这里的味道，依旧和当年广州老饕们记忆中的味道一模一样，而"胜记饭店，胜在新鲜，胜在惹味"、"吃海鲜，到胜记"、"吃饭、消夜、睇波，去长堤胜记"这些广告词也一直是广州美食界的传奇。

攻略HOW

地址 广州市越秀区长堤大马路228号
交通 乘地铁2号线海珠广场站出站
电话 020-83320833

7 海珠广场

BUY

好买

I 一德路

广州最知名的海味干货一条街 ▍推荐星级 ★★★★

广州知名的海味干货一条街一德路闻名全国，走在这里的街上就可以闻到空气中弥漫着的海腥味道，沿街两侧汇集了全国各地品类繁多的副食品和杂货、各类海鲜、干果等，从鱼翅、鲍鱼到黄花菜和粉丝，一德路上都可以寻觅到，香港和澳门的主妇专门组成旅游团专程来这里采购海味干货。此外，在一德路上近年还兴起一些经营精品文具的店铺，各种做工精致的文具和塑料毛绒玩具、汽车模型都吸引着过往学生的目光。

攻略HOW

地址 广州市越秀区一德路
交通 乘地铁2号线海珠广场站出站

状元坊

繁华热闹的淘宝小巷 ▌推荐星级 ★★★★★

青石板铺成的状元坊据说古代曾经出过一位状元，于是小巷也因而得名，现今这条200余米长的小巷每到节假日都是人山人海，各种经营服装、饰品的摊贩聚集在4米宽的街巷两侧，吸引了众多年轻人来这里淘宝购物。值得一提的是，由于状元坊内人流熙攘，购物逛街的过程也是人挨着人，费力挪动自己脚步，因而也被广州人形象地称为"撞人坊"。

攻略HOW

地址 广州市越秀区状元坊

交通 乘地铁2号线海珠广场站出站

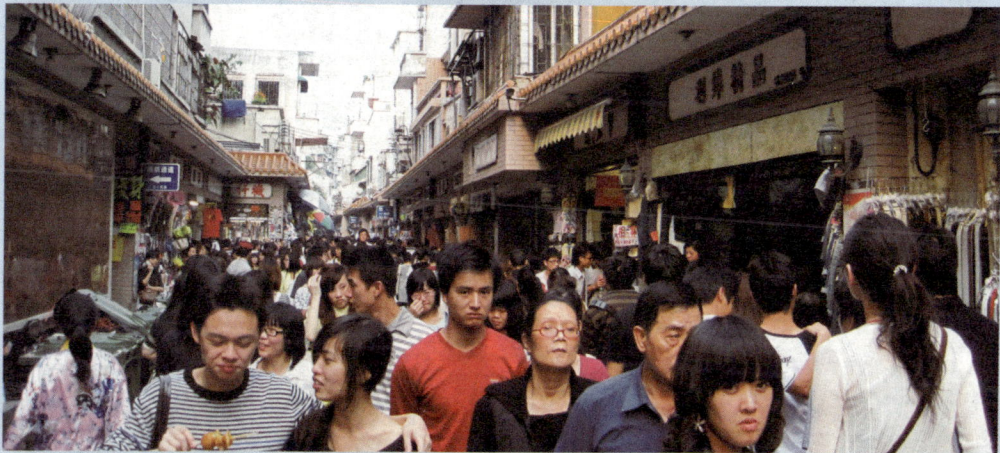

3 海印缤纷广场

世界皮草的缩影 ▌推荐星级 ★★★★★

攻略HOW

地址 广州市越秀区海珠广场

交通 乘地铁2号线海珠广场站出站向北

　　曾是广交会旧址的广东商品展销中心现今已经被改建成一座全新的服装城——海印缤纷广场，总共有超过500家商铺入驻海印缤纷广场，其中不乏路易士皮草、沙夫士多、乔治奥、第一夫人、SYS、巴图里、Lydia Creazioni等知名的皮裘品牌，同时海印缤纷广场还会经常举办各种皮毛时装的专场，堪称世界皮草的缩影。

8 农民运动讲习所

PLAY
好玩 102

BUY
好买 107

8 农民运动讲习所

PLAY 📷

好玩

1 明远楼

古代科举时的重要建筑 ■ 推荐星级 ★★★

明远楼也称红楼，是古代广州贡院的主要建筑之一。这里原本规模庞大，占地达到数千平方米，有大门、仪门、明远楼、致公堂、戒慎堂、聚奎堂及后门等部分，后来随着科举慢慢衰落，这里也逐渐破败下去，至今仅存明远楼一处。明远楼坐北朝南，高两层，是旧时科举考试时考官监事和管理考场的地方。这座建筑是典型的旧式南方建筑，面阔、进深均为5间，歇山顶，飞檐凌空，十分精致。楼右侧设有木质楼梯可以来往于楼上楼下，二楼有制作精美的围廊和栏杆，每到科举考试时，主考官就会在这里来往巡视，不敢怠慢。

攻略HOW

地址 广州市越秀区文德北路81号

交通 乘地铁1号线农讲所站出站

电话 020-83832195

2 农民运动讲习所旧址

中国现代农民运动的摇篮 ▌推荐星级 ★★★★★

农民运动讲习所旧址所在的建筑是由清代的番禺学宫改建而来的，它在中国的革命史上占有重要的地位。在20世纪20年代的大革命时期，中国共产党在此举办了农民运动讲习所，毛泽东、彭湃等革命家都曾在此对农民干部进行培训。这里拥有典型的明清建筑风格，各个殿堂古朴典雅，雕梁画栋之处极为精美。

现在的农民运动讲习所旧址是著名的红色旅游景点，来到这里的人们可以了解到这个机构的伟大之处。

攻略HOW

地址 广州市越秀区中山四路38号

交通 乘地铁1号线农讲所站出站

电话 020-83333936

3 万木草堂

康有为讲学的地方 ▌ 推荐星级 ★★★★

攻略HOW

地址 广州市越秀区中山四路长兴里3号
交通 乘地铁1号线农讲所站出站

万木草堂建于清代嘉庆年间，原本是广东的邱氏家族的子弟来到广州参加省试时集中住宿的地方。到了清末的光绪十七年（1891年），主张变法维新的康有为租下此地，作为他讲学的地方。他在这里一边宣传维新思想，一边进行人才培育，收到了很好的效果，所以被史学家称为"戊戌变法"的策源地。这座建筑看似其貌不扬，但是却收藏了很多珍贵的资料，来到这里的人们可以了解到康有为等维新志士的各种活动，以及他们所取得的功绩。

4 广东省博物馆

岭南地区最大的综合性博物馆 ■ 推荐星级 ★★★★★

广东省博物馆开放于20世纪50年代，拥有大量珍贵的藏品，是了解广东地区历史文化、经济生活和风土人情等各方面情况的好地方。这里分为多个展区，其中既有经过精心考证的国民党一大旧址复原及史料陈列展；也有与广东地区生态环境息息相关的广东珍稀动物展；馆藏工艺荟萃展览区收集大量的珍贵艺术品，其精美之处，令人惊叹不已。广东省博物馆里的场馆众多，其中的鲁迅纪念馆、广东历史大观馆都是值得一看的展馆。

攻略HOW

地址 广州市越秀区文德北路81号

交通 乘地铁1号线农讲所站出站

电话 020-83185866

5 孙中山文献馆

存放各种珍贵古籍的地方 ■ 推荐星级 ★★★★★

　　孙中山文献馆的前身是著名的中山图书馆，它于1933年建成，是广州最著名的图书馆之一。这个图书馆的主体建筑采用中西结合的方式，从外面看，它是一座飞檐斗拱的中国传统建筑，红砖绿瓦，气势十分雄伟。来到图书馆内部，则可以看到这里的西式装潢，各种精美之处，难以用语言来形容。孙中山文献馆从20世纪80年代开始就是收藏各种珍贵的古老典籍的地方，许多见证重大历史事件的文献资料也存放在这里。

攻略HOW

地址 广州市越秀区文明路215号
交通 乘地铁1号线农讲所站出站
电话 020-83815834

好买

I 地王广场

人潮涌动的购物中心 ▌推荐星级 ★★★★★

地王广场是广州最大的地下购物中心之一，每天都有无数顾客在此购物休闲，是五羊城内一个有名的综合性商业中心。这里是以时尚前卫的风格著称的，广州的红男绿女们都会来到此处选购各种紧跟潮流的服饰、用具，因此和附近的中华广场及流行前线共同组成了广州最大的时尚购物商圈。地王广场分为三层，既有国内外知名品牌的专卖店，也有充满个人特色的时尚小店，美食街里还有南北各地的风味佳肴供人品尝。

攻略HOW

地址 广州市越秀区较场西路18号

交通 乘地铁1号线烈士陵园站出站

电话 020-83641144

② 流行前线

购买时尚物品的好地方 ▍推荐星级 ★★★★★

攻略HOW

地址 广州市越秀区东源大街
交通 乘地铁1号线烈士陵园站出站
电话 020-83801499

流行前线是广州市中心一处著名的商业中心，这里交通便利，因而吸引了无数想要购买各种潮流物品的年轻男女。

这里是以欧美和日韩地区的流行物品为主要卖点的，许多明星的专营店都开设在这里，吸引了无数追逐偶像的Fans。流行前线主要出售各种音乐制品，从单曲CD，到演唱会的DVD和不同种类的音乐专辑应有尽有，能让来到这里的音乐爱好者感到不虚此行。这里还会聚了多种中西美食，供人品尝。

音乐台透明直播室 广州最著名的DJ电台

音乐台透明直播室位于流行前线地下商场内，它的最大特点是用透明的玻璃幕墙将歌迷、听众与播音室隔开。每当有歌手来这里参加节目的时候，玻璃门前就聚集着大量的Fans，因而有着极强的互动感。

3 中华广场

广州的地标式建筑 ▌推荐星级 ★★★★★

攻略HOW

地址 广州市越秀区中山三路23号

交通 乘地铁1号线烈士陵园站出站

电话 020-83817688

中华广场是广州著名的一站式商业中心，这里集购物、旅游、休闲、娱乐、饮食等多种功能于一体，是当地著名的Shopping mall。这里店铺众多，例如CK、TOMMY、MANGO、THEME等众多国际一线品牌都在商场内开设了专卖店。中华广场还有专门的手机卖场，云集各地风味佳肴的美食街。这个商业中心的对面就是著名的广州起义烈士陵园，对比之后，反差感特别强烈，因而更能让人感觉到，今天的幸福生活多么来之不易。

中华广场电影城　广州首家五星级影院

中华广场电影城是广州最著名的电影院之一，这里设施先进，功能完善，来到这里的观众会体验到梦幻般的视听享受。这里还是许多电影举行首映式的地方，因而会有很多明星嘉宾在这里出现，为这里带来闪烁的星光。

4 陵园西手机一条街

购买手机的好地方 ▌**推荐星级** ★★★★

陵园西手机一条街是广州著名的手机交易市场，街道两旁的店铺众多，因而在当地流传着"买手机，到陵园西"的俗语。这里拥有国内外一线大厂的代理店，

来此购物的人们可以即时选购到全球同步上市的各品牌手机。有趣的是这里还有大量的出售山寨手机的商店，许多手机都有着自己的独到之处，前来此处选购的顾客可以根据自己的需要寻找到最为合适的手机。陵园西手机一条街上还有许多手机美容店，为各种品牌手机提供装饰服务。

攻略HOW

地址 广州市越秀区陵园西路
交通 乘地铁1号线烈士陵园站出站

5 海印东川名店运动城

以运动品牌作为主题的商场 ▍推荐星级 ★★★★★

海印东川名店运动城开业于2001年，是我国最大的运动主题商城之一，吸引了不同年龄段的顾客来此购物。这个商场的建筑风格洋溢着强烈的青春气息，各种时尚元素更将这里装点得英气逼人。运动城内的店铺众多，既有时下流行的户外运动商店，也有长年流行的青春运动商店，国内外知名品牌也在这里开设了专卖店。海印东川名店运动城内还有各种运动场所，其中最著名的当属经常举行比赛的篮球场，也有广受欢迎的网球场和攀岩运动区。

攻略HOW

地址 广州市越秀区东川路93号
交通 乘地铁1号线烈士陵园站出站
电话 020-83885039

9 黄花岗

PLAY
好玩
114

9 黄花岗

PLAY

好玩

① 黄花岗剧院

广州最有特色的剧院 ▌推荐星级 ★★★★★

黄花岗剧院是广州最大的多功能剧院之一，它的设施完善，各种功能齐全，能让来到这里的观众获得很好的视听感受。黄花岗剧院的最大特色在于上演广东各种地方戏剧，大名鼎鼎的粤剧、风格独特的潮剧等地方戏剧都会在这里上演，深受热爱地方戏剧的观众的欢迎。当然这里也可以举行话剧、舞剧、歌剧、演唱会、音乐会等多种形式的艺术表演，有时候还是先锋剧等小众戏剧艺术的表演舞台。

攻略HOW

地址 广州市越秀区先烈中路96号
交通 乘地铁5号线区庄站出站
电话 020-38362199

2 科技图书馆

书籍齐全的专业图书馆 ▌ 推荐星级 ★★★★★

攻略HOW

地址 广州市越秀区先烈中路100号
交通 乘地铁5号线区庄站下
电话 020—87682148

科技图书馆是广州最大的专业图书馆，这里收藏了国内外的多种科技文献资料，是科学爱好者的"圣地"。这个图书馆拥有很强的专业性，不同学科的书籍都一一摆放在书架上，其中包括不少外文资料。除去理工科的书籍外，这里也有不少人文社科类的书籍，会让各学科的爱好者都感到不虚此行。这里的电脑阅览室与全球许多著名的电子图书馆相互链接，阅读者可以轻松查阅各种文献资料以及最新的科技成果报告。

3 广州动物园

我国最大的动物园之一 ▋ 推荐星级 ★★★★★

广州动物园是我国建园历史最久的动物园之一，它收集的动物众多，许多生活在亚热带的动物会令人大开眼界。这里既有憨态可掬的大熊猫，也有活泼可爱的金丝猴。华南虎的身形虽然相对较小，但凶猛的气势仍让人赞叹不已；从非洲远道而来的河马与狮子也是动物园内的"明星"动物；身形优雅的黑天鹅是罕见的飞禽。动物园内还有专门的露天放养区，人们在那里可以与野生动物亲密接触，并培养出对大自然的喜爱之情。

攻略HOW

地址 广州市越秀区先烈中路120号

交通 乘地铁5号线动物园站出站

电话 020－38377702

门票 20元

Gijs Budel

大盛宴园林菜馆 独特的熊猫餐厅

大盛宴园林菜馆是广州最有特色的一家餐厅，这里既有冠誉天下的中华美味，也有时下流行的日式料理和西式大餐，无论哪种佳肴都会让人赞不绝口。这里最大的特点是，餐厅的玻璃幕墙外就是一个熊猫放养区，这种奇妙的体验是十分难得的。

4

广州海洋馆

华南最大的海洋馆 ▌推荐星级 ★★★★★

广州海洋馆是一个综合性游乐区，游客们在这里不仅能看到千奇百怪的海洋生物，还能了解到它们的生活习性，并能观看精彩的动物表演。海底隧道是一个大型的展馆，游客们沿着道路前进，四周则是各种奇妙的海洋生物，既有威武凶猛的鲨鱼，也有色彩斑斓的热带鱼。触摸池是可以与海洋生物亲密接触的地方，企鹅馆展出的是身形可爱的企鹅，深海景观展出的是常人极少见到的深海生物，它们独特的身形会令人过目不忘。

攻略HOW

地址 广州市越秀区先烈中路120号广州动物园内

交通 乘地铁5号线动物园站出站

电话 020-37660884

门票 100元

淘金路 10

好玩
119

好吃
120

好买
122

10 淘金路

PLAY

好玩

1 环市路酒吧街

老外们最爱的消遣去处 ▌推荐星级 ★★★★

环市路由于地处广州商业区的核心部分，因此这里有很多外籍人士，环市路酒吧街也就成了这些老外最喜欢来的地方。这里所有的酒吧就好像是一座座花园别墅一般，每逢周末或是有足球比赛，这里总是簇拥着操着各种语言的人们，他们聚集在一起举杯痛饮，十分热闹。

攻略HOW

地址 广州市越秀区环市东路华侨新村

交通 乘地铁5号线淘金站出站

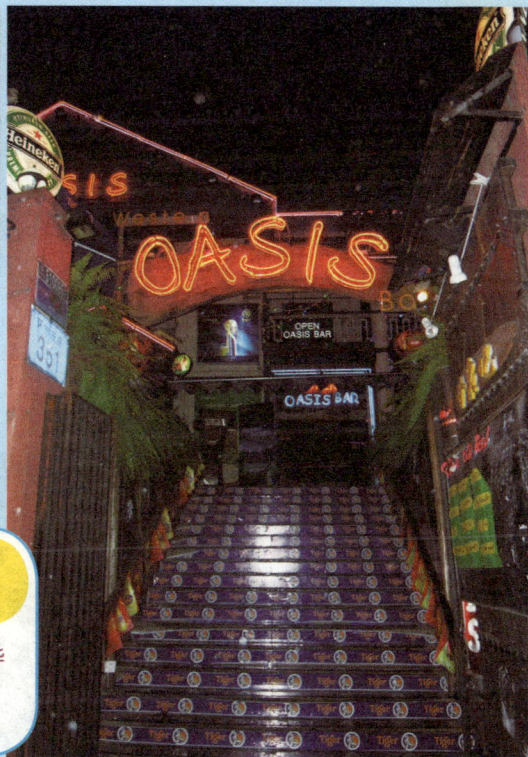

10 淘金路

EAT

好吃

沈生汤馆

药食合一的餐馆 ▌推荐星级 ★★★★★

　　沈生汤馆是广州有名的养生汤馆，这里的老板是一对中医夫妇，他们对药食养生十分有心得，所以这里出售的汤也都是他们亲自研究出的配方，既注重养生保健又味美可口，实在难得。店里还会根据时令和季节的不同推出不同的汤和补品，在一饱口福的同时，还能让身体得到滋养。

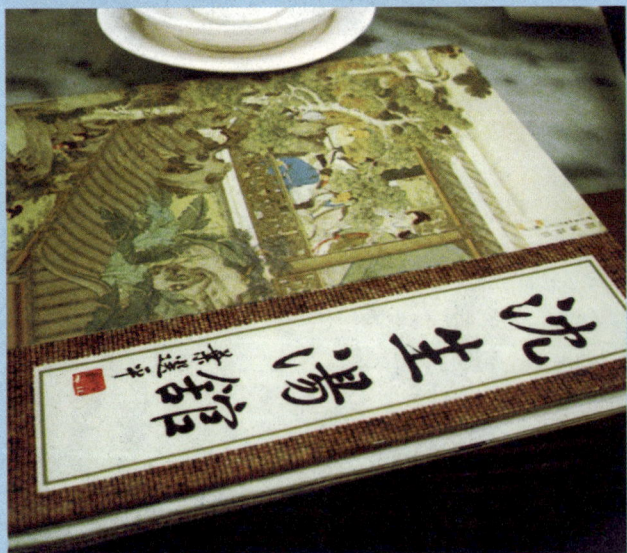

攻略HOW

地址 广州市越秀区华乐路27号
交通 乘地铁5号线淘金站出站
电话 020-83883388

2 华辉拉肠

传统岭南小吃 ▌**推荐星级** ★★★★

拉肠是岭南地区传统的美食之一，位于环市东路的华辉拉肠就是以经营各种拉肠而闻名的店家。这里的肠粉色白皮薄，入口即化。拉肠则是用传统的手法精心制成，口感极佳。除了这些之外，这里的荔湾艇仔粥等传统小吃也十分好吃，而且价钱便宜，深受一般民众的喜爱。

攻略HOW

地址 广州市越秀区环市东路376号国泰宾馆首层
交通 乘地铁5号线淘金站出站
电话 020-83868295

3 文信老铺

坚守传统的顺德菜老店 ▌**推荐星级** ★★★★★

文信老铺是一家经营正宗顺德风味的老字号饭店，这里最大的特色就是原料全部是纯天然的有机蔬菜和鲜活家禽、鱼类和海鲜，因此独具一种大自然的味道。这里最著名的当数双皮奶和龙窖糕，口味香甜浓郁，让人百吃不厌，堪称这家店的两大招牌菜。

攻略HOW

地址 广州市越秀区环市东路399号
交通 乘地铁5号线淘金站出站
电话 020-37588603

10 淘金路

BUY

好买

1 淘金路

逛各种独具特色的小店 ▌推荐星级 ★★★★★

正如淘金路这个名字一样，这里分布着大量的特色小店，确实是那些个体户的淘金之地。在这些五光十色的店面中都能看到无数创意十足的服装和饰品，尤其是为数众多的独具特色的服装店，是追求新潮的少女们每周都会来淘宝的地方，每到这时这条街上人头攒动，热闹非凡。

攻略HOW

地址 广州市越秀区淘金路
交通 乘地铁5号线淘金站出站

❷ 广州友谊商店

出售进口商品的老牌商店 ▌推荐星级 ★★★★★

　　友谊商店是我国最早的对外百货商店，曾经是我国普通老百姓见识进口商品的唯一途径。位于环市东路的广州友谊商店建于1959年，历经50多年这里早已不再是当年唯一的对外窗口，但是依然经营着不少国外品牌商品和出口的国内工艺品，而且价格也相对便宜，很受一般家庭的青睐。

攻略HOW

地址 广州市越秀区环市东路369号

交通 乘地铁5号线淘金站出站

电话 020-83483105

3 华乐路

品种繁多的外贸服饰 ▍推荐星级 ★★★★

　　华乐路是广州老牌的外贸服装集散地，路旁集中了很多名牌特卖场和白领休闲服饰卖场。尤其是专门针对白领特意提供一些简洁的套装或名牌T恤等，因此深受在附近写字楼里上班的白领们的喜爱。每到周末，这里都挤满了淘宝的人群，甚至还能看到金发碧眼的外国人，可见这里不一般的人气。

攻略HOW

地址 广州市越秀区华乐路
交通 乘地铁5号线淘金站出站

4 建设六马路

充满小资风情的时尚街 ▍推荐星级 ★★★★

攻略HOW

地址 广州市越秀区建设六马路
交通 乘地铁5号线淘金站出站

　　建设六马路是广州最浪漫的马路之一，这里商铺林立，从服装店到珠宝行再到咖啡馆、酒吧等一应俱全。同时这里也是那些喜欢新潮服饰而又迷恋光影幻彩的时尚青年的留恋之所，随处都能看到前卫的艺术作品和充满小资风情的小店，让人不由得就沉浸在其中。

5 世贸新天地

广州零售业的新贵 ▊ 推荐星级 ★★★★★

攻略HOW

地址 广州市越秀区环市东路371号

交通 乘地铁5号线淘金站出站

电话 020-37653226

　　如果说环市东路是广州的核心商业区，那世贸新天地就是核心中的核心。这里主要经营"衣"和"食"这两大主题，其中"衣"包括了世界各知名品牌的新潮服饰，它们纷纷在这里开设旗舰店，是广州最具人气的服饰卖场。

6 丽柏广场

奢华气派的购物商场 ▍**推荐星级** ★★★★★

攻略HOW

地址 广州市越秀区环市东路367号

交通 乘地铁5号线淘金站出站

电话 020-83360222

丽柏广场位于广州最核心的商业区——环市东路。在这有1万多平方米的商场里有来自世界各地的知名品牌，包括路易·威登、普拉达、爱马仕、迪奥等国际上首屈一指的品牌精品在这里都能看到，烘托出这里奢华的氛围。据说经常有影视明星在这里选购商品，更让这家商场充满了独特的魅力。

11 白云山

11 白云山

PLAY

好玩

Ⅰ 白云山

广州的象征 ▪ **推荐星级** ★★★★★

攻略HOW

地址 广州市白云区白云山路
交通 乘地铁5号线小北站出站，乘坐24、240、285路公交车在云台花园站下车
电话 020-83722222
门票 10元

白云山是广州诸多风景区中最著名的一个，这里既有秀丽的自然风景，也有许多流传着佳话逸事的人文景点。白云山的气势雄伟，30多座山峰起伏不定，白云缭绕间，又让人感到壮丽无比。海拔为328米的摩星岭不但是园区内的制高点，也是广州最高的山峰，山体上的植被茂密，每当清风徐来的时候，能够体验到林海听涛的感觉。白云滑道是这里新兴的一个景点，它的惊险刺激之处，让人赞叹不已，所以深受青年人的欢迎。

1 明珠楼 环境优美的景区

明珠楼是白云山上的著名景点，那里景色优美，附近景点众多，会令来到这里的游客们流连忘返，久久不能离去。它是一座造型优雅的两层小楼，与附近的青山绿水巧妙地融为一体，会给人带来一种美的享受。

2 广州碑林 观看石碑艺术作品的地方

广州碑林建立在白云寺的遗址上，是一个收集了历朝历代各种赞美岭南风光、赞扬羊城以及白云山诸多景点的石碑的景区。这里将石碑景观与自然风光巧妙地结合起来，令游人得到复合式的享受。

3 白云仙馆 古朴典雅的传统建筑

白云仙馆建于清代嘉庆年间，曾屡遭破坏，但在20世纪90年代恢复了原有的景观特色。这里附近的景色优美，湖光山色，令人心旷神怡，因此历来就是广州的文人墨客汇集的地方，并流传下很多佳话逸事。

4 摩星岭 白云山的主峰

摩星岭是广州市区的制高点，素有"天南第一峰"的美誉，山上山下景点众多，会令人流连忘返，久久不愿离去。登上峰顶，可以看到随风徐徐而动的林海，也能看到那些若隐若现的亭台楼阁，还能俯瞰广州市区的繁华风景。

5 能仁寺 环境清幽的寺庙

建于清朝末期的能仁寺在白云山的众多古刹中，算是建造年代比较晚的一座，但它同时也是保存最为完好的一座寺庙。寺院内外的建筑众多，占地规模宏大，拥有多座气势雄伟的殿堂，主要景点有大雄宝殿、慈云殿、地藏殿等。

6 九龙泉 拥有动人传说的泉水

九龙泉位于白云山的山顶，相传是由龙王太子变出来的，所以泉水清澈甘甜，颇有强身健体的功效。这里的景色优美，周边山林环绕，还有清澈的溪水从山间潺潺流过，来到此处会有种心旷神怡的感觉。

7 双溪别墅 岭南园林

双溪别墅的前身是双溪寺，因寺前有月溪和甘溪绕寺流过而得名，门楣上"双溪"二字是朱德元帅亲笔所写，1965年周恩来总理和陈毅副总理曾在这里下榻，是一处古朴典雅的岭南园林建筑。

② 云台花园

景色优美的园林 ▌推荐星级 ★★★★★

攻略HOW

地址 广州市白云区白广园中路218号

交通 乘地铁5号线西小北站出站，乘坐24、240、285路公交车在云台花园站下

电话 020-37229871

门票 10元

云台花园是一个融合了中西方建筑艺术的园林，这里又种植了大量的名贵花木，因而被誉为广州的"花城明珠"。这里林木葱茏，绿油油的草坪上盛开着各种鲜花，每当微风吹拂之时，这里就会芳香四溢，令人沉醉不已。滟湖的湖水清澈见底，它的湖底安装了独特的环形灯饰，到了夜间，湖水就成为一条流光溢彩的长龙，给游客带来一种梦幻般的感觉。谊园是这里的又一名景，那里种植着广州友好城市的市花及其所在国家的国花，是中外人民友谊的象征。

3 广州雕塑公园

遍布各种雕塑的公园 ▌ 推荐星级 ★★★★

为了纪念广州建城2210周年而建的广州雕塑公园是我国最大的雕塑公园，它建于1996年，园区内景点众多，是五羊城著名的当代景区之一。 这个公园是一个集旅游休闲，历史科普等多功能于一体的景区，主要划分为羊城史雕塑区、中华史雕塑区、雕塑大观园景区和森林景区四大区域。雕塑公园内的各种雕塑作品的造型精美，立意鲜明，拥有极强的艺术感染力，能让观看它们的游客得到身临其境的感觉，极具历史和爱国主义教育意义。

攻略HOW

地址 广州市越秀区下塘西路545号

交通 乘地铁5号线小北站出站，乘坐36、66、189、544路公交车在市交控中心站下

电话 020-86330154

门票 20元

4 麓湖公园

山清水秀的城区公园 推荐星级 ★★★★

攻略HOW

地址 广州市越秀区麓湖路11号

交通 乘地铁5号线小北站出站，乘坐10、247路公交车在麓湖公园站下

电话 020-83507074

麓湖公园是因为园区内的麓湖而得名的，公园内林木葱茏，花草众多，不时还能看到各种野生动物的身影，是广州著名的旅游休闲景区。这里景点众多，既有鲜花盛开的聚芳园，也有令人称奇不已的荫生植物棚，半山植谊亭则是园区内最有吸引力的景点之一。麓湖是这里的核心景点，游客们在这里可以一边泛舟湖上，一边欣赏园区内的各种景观。湖区附近还有供人休闲放松的垂钓区，以及真冰溜冰俱乐部、儿童游乐园等娱乐设施。

5 星海园

纪念冼星海的公园 ▮ 推荐星级 ★★★

　　创作出《黄河大合唱》的人民音乐家冼星海是广州番禺人，星海园则是纪念这位英年早逝的作曲家的公园，他的骨灰就安葬在这里。园区内最引人注目的景观是那个1.5米高的纪念碑，它是石英岩材质，上面刻有毛泽东题写的"向人民音乐家冼星海同志致哀"的字样，附近的星海亭内则塑有冼星海的半身像。这里还建有冼星海纪念馆，里面详细介绍了这位音乐家的生平事迹，并展出他的照片和手稿等珍贵物品。

攻略HOW

地址 广州市越秀区麓湖路11号麓湖西岸

交通 乘地铁5号线小北站出站，乘坐63、245、501、522路公交车在白云仙馆站下车

电话 020-83509376

6 广州艺术博物院

广州最著名的艺术展馆之一 ▌推荐星级 ★★★★★

攻略HOW

地址 广州市越秀区麓湖路13号

交通 乘地铁5号线小北站出站，乘坐63、184、501路公交车在市胸科医院站下车

电话 020－83506255

广州艺术博物院是一座造型精美的建筑，它巧妙地将传统岭南建筑与园林景观融为一体，使之具有鲜明的艺术风格。这是一个现代化的综合性艺术展馆，里面既有传统的综合展览馆，也有收藏艺术大师个人作品的名人馆，其中包括岭南画派的大师关山月、赵少昂、书画艺术大家赖少其、廖冰兄，收藏大家欧初、赵泰来等人的作品。广州艺术博物院里收藏的大都是国画等传统艺术作品，因此是了解中国传统艺术文化的好地方。

11 白云山

EAT

好吃

1 头啖汤美食酒家

以各种特色汤为招牌的酒家 ▌**推荐星级** ★★★★

攻略HOW

地址 广州市白云区白云大道北35号

交通 乘38、66、76、126、223、244、245、268、424、501、529、563、803、805、832、864、885、891路公交车在黄石东路口站下

电话 020-36400888

　　头啖汤美食酒家是广州最有特色的饭店之一，它深受广州当地的食客老饕的欢迎，还有不少外地游客慕名前来此地品尝鲜美的汤水。饭店里的用餐环境良好，各种装饰简洁大方，空间宽敞，给人以舒适的感觉。头啖汤美食酒家的各种美味汤水，都是粤菜中的名品，口感虽各有不同，但都是经过精心烹制而成。这里其他菜品也都是正宗的粤式佳肴，其中以烧鹅、菜花炒土猪肉、蟹子粉丝煲、虾球豆腐等最受欢迎。

② 鹿鸣酒家

烹制鹿肴的饭店 ▌**推荐星级** ★★★★★

　　鹿鸣酒家位于麓湖公园内，所在环境依山傍水，景色十分优美，用餐环境极好。这个酒家的菜品在广州很有名气，开业20多年以来，曾屡次获得广州美食节上的各种奖项，在食客老饕中间有着很好的口碑。这里的佳肴以粤菜为主，口味十分正宗，吃过的人们都会赞不绝口。鹿鸣酒家的招牌菜则是大名鼎鼎的梅花鹿菜，许多食客都是冲着这道佳肴而来的。这个饭店里的功能设施齐全，能够满足不同顾客的需要。

攻略HOW

地址 广州市越秀区麓湖路11号
交通 乘地铁5号线小北站出站，乘坐10、247路公交车在麓湖公园站下车
电话 020-83488338

3

北园酒家

环境优美的园林式酒家 ▋ **推荐星级** ★★★★★

北园酒家是广州最有特色的酒家之一，它的不凡之处在于，饭店里的园林式用餐环境。来到这里宛如进入一个古色古香的旧时园林，华美的亭台楼阁由蜿蜒曲折的长廊连接在一起，岭南风格的假山水池，让这里的秀丽景色充满了古朴典雅的气息。饭店里的各种佳肴也是名不虚传的，无论是做法独特、口感上佳的花雕鸡，还是造型精美的月中丹桂盏、玉液叉烧包都会让人赞不绝口，而油泡虾仁、郊外鱼头、蚝油鸭掌、干煎鸡脯则是深受欢迎的招牌菜。

攻略HOW

地址 广州市越秀区小北路202号
交通 乘地铁5号线小北站出站，乘坐6、10、36、66、76、93路公交车在小北花圈站下车
电话 020-81845390

12 二沙岛

12 二沙岛

PLAY

好玩

Ⅰ 二沙岛

景色优美的江心岛 ▌ 推荐星级 ★★★★★

　　二沙岛是珠江的江心岛，它风景秀丽，有着优雅的艺术气息。这个小岛曾是广东的体育训练基地，大名鼎鼎的容国团、陈镜开等世界冠军就曾在这里进行训练，那种热火朝天的氛围令人神往。现在这里则是各种艺术场馆集中的地方，其中包括艺术品会聚的广东美术馆，欣赏音乐艺术的星海音乐厅等场馆。每到夜幕降临的时候，在岛上漫步会有一番独特的享受，那种浪漫气息会令人沉醉。

攻略HOW

地址 广州市越秀区二沙岛

交通 乘地铁5号线五羊村站出站，乘坐12、57、89、131、194、248路公交车即可抵达

广东美术馆

近现代艺术品展览馆 ■ 推荐星级 ★★★★★

攻略HOW

地址 广州市越秀区烟雨路48号
交通 乘地铁5号线五羊村站出站，乘坐57、89、131、194、248路公交车在星海音乐厅站下车
电话 020-87351648
门票 15元

广东美术馆是一个极具特色的建筑，它的造型简洁，既有鲜明的时代特色，又不乏古老的岭南建筑文化元素，古今结合，令人赞叹不已。这里一共拥有12个展厅，每一个都有着自己不同的主题，不仅有近现代知名的中国艺术家的作品，也有达利、毕加索等艺术大师的作品在这里展出。户外雕塑展示区里收集了各种风格的雕塑作品，它们都能表达出创作者独特的创作灵感。这里还会举行各种专题展览，较为知名的有维姆·文德斯摄影展、日本独立电影展等。

3 星海音乐厅

广州最有特色的音乐厅 ▌推荐星级 ★★★★★

星海音乐厅是二沙岛上最有特色的建筑，它有着强烈的现代主义风格特点，外观既像一只展翅高飞的天鹅，又好似一架演奏中的钢琴，已经成为广州的著名景观。星海音乐厅里的设备先进，尤其是那个三层楼高的管风琴是全亚洲最大的，其他设施也是应有尽有，会让来到这里的听众得到顶级的音乐享受。星海音乐厅特别适合各种高雅音乐艺术的演出，许多顶级乐团都在这里进行过精彩的表演，所以是音乐爱好者的必去之地。

攻略HOW

地址 广州市越秀区晴波路33号
交通 乘地铁5号线五羊村站出站，乘坐57、89、131、194、248路公交车在星海音乐厅站下车
电话 020-87353869

4 陈树人纪念馆

纪念艺术家陈树人的地方 ▌推荐星级 ★★★★

岭南画派是我国近现代著名的绘画艺术流派中的一个，而大名鼎鼎的陈树人则是这个画派的创始人之一。这个纪念馆建于陈树人的故居"樗园"的旧址上，它是一个两层小楼，底层是进行各种艺术展览的地方，来到这里的人们可以欣赏到丰富多彩的艺术作品，得到一种精神上的享受。二楼是介绍陈树人生平事迹的地方，同时还有他的书画作品的展出。思复楼是这里的附属建筑，它是纪念陈树人之子、革命烈士陈复的地方。

攻略HOW

地址 广州市越秀区署前路10号
交通 乘地铁1号线东山口站出站，乘坐4、16、18、44、106路公交车东山口站下车
电话 020-87752582

5 基督教东山堂

历史悠久的教堂 ▌推荐星级 ★★★★

基督教东山堂建于清代同治年间，是由美国基督教南差会的传教士所建的，原址位于广州的五仙门，直到宣统年间才搬迁到这里。这座教堂的建筑众多，环境清幽，既有看似貌不惊人的礼拜堂，副堂；也有充满书香气息的广东协和神学院，圆形大厅是这里最大的一个建筑，它最多可以容纳1000多人同时集会。这里有着浓郁的宗教氛围，所以成了广州市基督教三自爱国会和基督教协会的机关所在地。

攻略HOW

地址 广州市越秀区寺贝通津9号
交通 乘地铁1号线东山口站下车，乘坐16、40、44、106、183路公交车东山口站下车
电话 020-87776305

6 逵园

精美的欧式庭院 ▌推荐星级 ★★★★

建于20世纪20年代的逵园是一座极具欧陆风情的私家园林，它既有西方传统建筑的特点，又有现代建筑艺术的特征，古今结合，华美异常。这里的主楼是一栋三层高的钢筋混凝土建筑，其最大的特征是墙壁上的希腊罗马式样的圆柱和屋檐上的拱门楼，拥有鲜明的欧洲建筑艺术特点。

攻略HOW

地址 广州市越秀区恤孤院路9号
交通 乘地铁1号线东山口站出站，乘坐485路公交车东山大街站下车

7 春园

中共中央在广州的机关所在地 ▌推荐星级 ★★★★

地址 广州市越秀区新河浦路24号

交通 乘地铁1号线东山口站出站，乘坐485路公交车东山大街站下车

电话 020-87606531

门票 5元

广州市文物保护单位
旧民居建筑区
春园

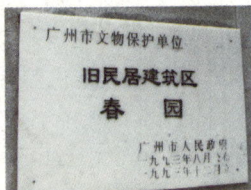

春园原本是归国华侨所建的私人庭院，1923年这里则是中国共产党中央机关的办公地，在历史上赫赫有名的中共"三大"就是在这里召开的。庭院内的景色优美，欧式风格的楼宇是广州老建筑的代表作之一。春园24号楼是这里的核心景点，出席中共"三大"的中共领导人都居住在这里，陈独秀、李大钊、毛泽东、瞿秋白、张太雷、蔡和森、向警予等一个个如雷贯耳的名字在这里都能找到，室内的设施仍按照当时的样式进行摆放。

8 陈济棠公馆

广州著名的公馆景点 ▌推荐星级 ★★★★

地址 广州市越秀区共和路3号

交通 乘地铁1号线东山口站下车，乘坐485路公交车东山大街站下车可以到达

电话 020-87185650

建于20世纪30年代的陈济棠公馆，是当时统治广东的粤系军阀陈济棠的住所，在他离开后也多有名人居住于此。这个公馆的主体风格是西方建筑特色的，但又按照东方特有的风水学说进行布置，因而颇有些中西结合的感觉。公馆所属的庭园则是传统的中国园林，鱼池里屹立着假山，旁边则是一个供人休闲乘凉的六角凉亭。

中共"三大"会址纪念馆

见证历史的地方 ▌推荐星级 ★★★★★

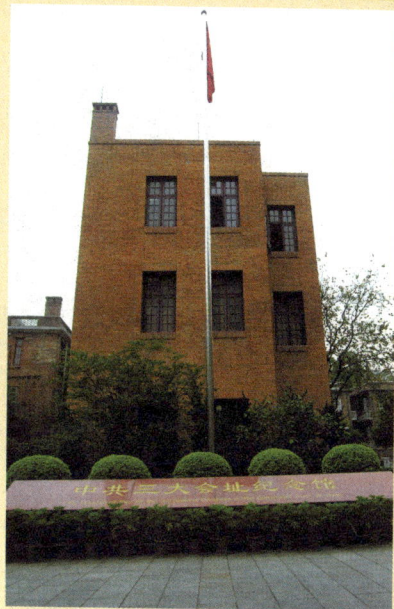

攻略HOW

地址 广州市越秀区恤孤院路31号

交通 乘地铁1号线东山口站下车，乘坐485路公交车东山大街站下车

电话 020-87606531

门票 5元

中共"三大"会址纪念馆是中国共产党举行第三次全国代表大会的地方，有着极为重要的历史意义。纪念馆修建在会议的原址上，是一个三层建筑，地上两层，地下一层。馆内的设施先进，有全程语音导航，游客们可以听着解说，了解与会议有关的各种情况以及这次会议对中国革命所产生的深远影响。中共"三大"会址纪念馆能看到当年与会者使用过的各种物品，还有由中央档案馆提供的中共"三大"文献仿真件等资料。

二沙岛

10 东山湖公园

广州著名的人工湖公园 ▍推荐星级 ★★★★★

攻略HOW

地址 广州市越秀区东湖路123号
交通 乘地铁1号线东山口站下车，乘坐44、186、251、260路公交车东湖路站下车
电话 020-87609086

东山湖是广州四大人工湖之一，园区内的景色优美，景点众多，羊城新八景之一的东湖春晓就在这里。园区内山水相连，有着清新的空气和秀丽的景观，让来到这里的游客们有种心旷神怡的感觉。东山湖是这里的核心景点，湖心有座小岛，五座身形优美的桥梁将它与湖边的五个半岛连接起来，它们分别是九曲桥、落虹桥、拱桥、五孔桥及三曲桥。

好买

Ⅰ 农林下路商业街

拥有北方风情的商业街 ▍推荐星级 ★★★★

攻略HOW

地址 广州市越秀区农林下路
交通 乘地铁1号线东山口站出站，乘坐1、3、16、18路公交车东山口站下车

农林下路商业街是广州著名的商业街区，这里除了各种岭南地区常见的店铺外，还有五羊城少见的洋溢着北方风情的商店。东山百货大楼是这里历史最为悠久的综合性商场，它也是南方商场的代表，而北京王府井百货的广州分店则给这里带来了不一样的气息，那里有不少北方常见的品牌，而在珠江流域则是相对少见的。

② 东山百货大楼

历史悠久的综合购物中心 ▌推荐星级 ★★★★★

位于农林下路商业街内的东山百货大楼是广州最有名的购物中心之一，许多现在的年轻人对这里有着很深的记忆和感情。这里的购物环境良好，各种商品应有尽有，深受附近居民的欢迎。一楼是购买家电、家具的地方，还能买到各种仿古器具。二楼是日用品商场，琳琅满目的日常用品让人眼花缭乱，同时在这里还能买到各种食物及其材料。

13 天河城广场

PLAY 好玩 150

EAT 好吃 151

BUY 好买 152

13 天河城广场

PLAY

好玩

① 天河体育中心

广州最大的综合体育中心 推荐星级 ★★★★

　　始建于1987年的天河体育中心最初是第六届全国运动会的比赛场，作为广州市内最大的综合体育中心，由可容纳6万名观众的天河体育场、体育馆、游泳跳水馆、新闻中心、儿童游乐园、大世界保龄球馆等组成，除了各种体育赛事外，天河体育中心还经常举办各种博览会和文艺演出，广州美食节也会在这里举办。

攻略HOW

地址 广州市天河区体育西路48号

交通 乘地铁1号线体育中心站出站向西即可到达

电话 020-38796635

EAT

好吃

1 南岗海鲜城

老字号的粤菜海鲜餐厅 ▮ 推荐星级 ★★★★

地址 广州市天河区天河北路450号

交通 乘地铁1号线体育中心站出站，乘41、78、130、133、135、191、230、232、306、560、602、612、813、883路公交车在龙口西站下

电话 020-87536608

　　南岗海鲜城的前身是1988年开业的黄埔水上海鲜舫，迄今已有20余年历史，现今发展成有4层营业面积，55间包房，可容纳上千人同时用餐的大型餐厅。南岗海鲜城内汇集了广东沿海各地的海鲜食材，可品尝口味正宗的粤菜海鲜料理，吸引众多食客老饕慕名光顾。

2 炳胜海鲜酒家

品尝正宗的顺德鱼生 ▮ 推荐星级 ★★★★

　　炳胜海鲜酒家创办于1996年，这里最出名的就是沿用顺德独特吃法的鱼生和炳胜独创的鱼生配料，此外还有店家改良的粤菜家常小炒，其中最受食客欢迎的就是结合湖南剁椒鱼头做法做成的蒸鱼头，以及炳胜豆腐系列菜，形成其独家的"炳胜系列菜"，深受广州食客老饕的追捧。

攻略HOW

地址 广州市天河区天河东路168号

交通 乘地铁1号线在体育中心站出站，乘78、89、92、136、138、177、185、230、263、298、515、547、810路公交车在天河路口站下

电话 020-87508683

13 天河城广场

BUY

好买

I 天河城广场

广州的城市名片 推荐星级 ★★★★★

　　地处天河南路的天河城广场是一座集购物、美食、娱乐、休闲、商务等多种功能于一体的现代化大型购物中心，不仅是天河区的地标性建筑之一，同时也是一张广州现代化城市发展的名片。

攻略HOW

地址 广州市天河区天河路621号
交通 乘地铁1号线体育西站出站
向北步行2分钟即可到达
电话 020-85592818

② 维多利广场

天河最亮丽的白领银座 ▊ 推荐星级 ★★★★★

　　毗邻天河城广场与天河路商业街的维多利广场由一座有7层营业面积的商场和两幢写字楼组成，拥有亮丽玻璃幕墙的维多利广场为消费者营造出舒适时尚的购物环境，众多国际知名品牌和动感现代的运动系列服装饰品都可以在这里寻觅到，被誉为"天河最亮丽的白领银座"。

攻略HOW

地址 广州市天河区体育西路101～103号

交通 乘地铁1号线体育西站出站向北步行5分钟即可到达

电话 020－38791288

3 广州购书中心

中国南方最大的文化殿堂之一 ▌推荐星级 ★★★★★

攻略HOW

地址 广州市天河区体育西横街
交通 乘地铁1号线体育西站出站步行5分钟即可到达
电话 020-38864208

开业于1994年11月的广州购书中心共有6层营业面积，以信息量大、更新快、图书品种丰富为特色，在舒适的购书空间内拥有10万余种图书和各种音像制品、文化用品，并且设有新书阅览厅和报告厅，开业10余年来已成为广州的文化标志之一，堪称中国南方一座规模宏伟的文化殿堂。

4 天河南一路

广州小资最爱的"都市绿洲" 推荐星级 ★★★★

攻略HOW

地址 广州市天河区天河南一路

交通 乘地铁1号线体育西站出站向东步行即可到达

　　天河南一路是一处风格清新、沿街分布着众多时尚特色小店的街道，从繁华热闹的天河路商业街转到天河南一路，瞬间让人感到轻松惬意，浪漫情调的咖啡厅、弥漫着香气的花店，还有大量时尚的特色小店，堪称现代繁华都市中难得的一处"都市绿洲"，吸引了天河附近众多年轻都市白领在这里放松、休闲。

5 正佳广场

亚洲第一MALL ▌推荐星级 ★★★★★

被誉为"亚洲第一MALL"的正佳广场共分7层，共有超过1000户商家入驻，其中不乏广州最大的CEPA零关税贸易区、广州老字号友谊商店等。除购物中心外，正佳广场还设有五星级的国际酒店公寓并有游乐场、水上餐厅、音乐喷泉、水族馆、电影院、岭南风情街等休闲娱乐餐饮场所。

攻略HOW

地址 广州市天河区天河路621号
交通 乘地铁1号线体育中心站出站向南步行3分钟即可到达
电话 020-38331818

6 丽珀SOHO商场

汇集众多个性小店 ▌推荐星级 ★★★★

丽珀SOHO商场汇集了60多家彼此独立的商户入驻，这些店家专为众多白领上班族提供个性化服装和饰品，并且采用量身定做的经营模式，不论服装还是饰品，都是贴身打造，充满个性化的服务也吸引了众多白领光顾，素有"最时尚的生活橱窗"之称。

攻略HOW

地址 广州市天河区体育东路140号
交通 乘地铁1号线体育中心站出站向北步行5分钟即可到达
电话 020-22220033

14 广州东站

PLAY 好玩 **158**

EAT 好吃 **162**

BUY 好买 **163**

14 广州东站

PLAY

好玩

1 广州东站

最先进的交通口岸 ▌推荐星级 ★★★

攻略HOW

地址 广州市天河区东站路1号
交通 乘地铁1号线广州东站出站
电话 020-61346610

广州东站位于广州市天河区，这是我国第一条准高速铁路的起始站，同时还担负着广深线、广九线、广汕线等铁路上列车的运营任务。广州东站客运楼是这里的核心建筑，其一楼出售广九直通车和广深线车票，有广深旅客候车室、广九直通车行李托运处和国内旅客行包房。二楼中央则是一个分散大厅，可以将旅客有序分散到每一个候车室里。作为我国最先进的交通口岸，这里布局流畅，能为旅客提供最舒适的环境。

广州东站广场

造型现代的车站广场 ▊ 推荐星级 ★★★★

　　广州东站广场是天河新城轴线北段的一个重要节点。广州东站广场主要分为上下两个广场，上广场为站前高架步行广场，是八方旅客出入广州东站的主要地区，所以这里设计成高架桥式，不会造成拥堵。而下广场则是以绿化为主的绿化广场，设计者先以动态的玻璃瀑布连接上下两个广场，在瀑布左右各有一座雕塑台，其雕塑已经成为现在羊城新的标志性景观之一。此外，在这里铺满了各种绿草鲜花，并且构成一幅幅美丽的图画，是人们争相合影留念的好地方。

攻略HOW

地址 广州市天河区东站路1号
交通 乘地铁1号线广州东站出站
电话 020-61346610

3 中信广场

广州的新城市地标 ▌**推荐星级** ★★★★★

中信广场位于天河商业区最繁华的地段，这是一座高达80层的摩天大楼，大楼两侧还有两座38层的侧楼，构成了我国华南地区最高的建筑群。在这座大楼里采用了最先进的技术，大小单位兼备，配套设备齐全，在外层铺设的玻璃幕墙使得视野更为开阔，在阳光下散发出夺目的光彩，体现了中信广场在广州写字楼中的不凡之处。此外，在中信广场周围还有一片4层楼高的裙楼，这里是购物商店的会聚地，拥有来自世界各地的品牌商店，是广州追求新潮人士们的又一热门去处。

攻略HOW

地址 广州市天河区天河北路233号

交通 乘地铁3号线林和西站出站

电话 020—87520001

市长大厦

富有罗马风情的建筑 ▌推荐星级 ★★★★

市长大厦地处广州天河区新城中轴线上，是一座功能齐全的酒店及商厦。整座建筑楼高28层，外墙铺设了金色的玻璃幕墙，在阳光的照射下熠熠生辉，十分气派。在大楼前方还有一处罗马广场，这里采用了大量的科林斯式石柱，呈圆弧形排列，其独特的气质在广州众多摩天大楼中独树一帜。

攻略HOW

地址 广州市天河区天河北路189号

交通 乘地铁3号线林和西站出站

电话 020-87553838

14 广州东站

EAT

好吃

I 潮皇食府

气派的潮州菜饭店 ▌推荐星级 ★★★★★

　　潮皇食府位于天河北路与林和西路交会之处的广州国际贸易中心四楼，这是一家主营潮州菜和广东菜的饭店。这家饭店面积4000多平方米，装饰古朴而优雅，甚至还有庭院式景观鱼池，在鲤鱼池上设计有岭南地区传统的民居装饰，很有一种怀旧的氛围。在这家饭店里共有24间大大小小的包间，可以容纳各种规模的宴席，而大厅里也可以容120人同时用餐。

攻略HOW

地址 广州市天河区林和西路1号广州国际贸易中心3A楼

交通 乘地铁3号线林和西站出站

电话 020-38783668

BUY

好买

I 中天购物城

装饰现代的大型购物中心 ▌推荐星级 ★★★★★

攻略HOW

地址 广州市天河区天河北路233号

交通 乘地铁3号线林和西站出站

电话 020—87520789

中天购物城可以说是广州各个购物商场中最有气势的一处，这里背靠广州第一高楼中信广场大楼，楼高5层，里面的中庭地上全层铺设大理石，中庭上方还有近28米高的圆锥形玻璃天花板，在购物城中每个店铺之间还独具匠心地使用玻璃做间隔。如今进驻中天购物城的有世界知名品牌的高级饰物、名牌眼镜、手表、皮具、健康用品、化妆品等，让人目不暇接。此外，在商场五楼会所还有户外游泳池、桑拿浴室、蒸汽浴室、健身房、高尔夫球练习场等设施，在购物之余还能享受各种活动带来的乐趣。

② 时代广场

兼具购物和美食的高级商场 ▌推荐星级 ★★★★

时代广场距离中信广场不远，这片区域是广州新的城市中心，到处都是高档写字楼和高级商场，被称作"广州的华尔街"。时代广场一至六楼是商场，其间的100多家商户按经营范围分布于各层中。每一层都有其特定主题，包括"品牌服饰"、"特色饮食"、"家居精粹"、"商务会展"等四大主题。这里网罗了各种特色店铺，从国际时尚服饰到家居精品、美容护肤品、特色美食、文化书籍等应有尽有。

攻略HOW

地址 广州市天河区天河北路28号

交通 乘地铁3号线林和西站出站

电话 020-38820000

15 天河数码一条街

PLAY 好玩 166

BUY 好买 169

15 天河数码一条街

PLAY

好玩

Ⅰ 天河公园

自然和人文资源都很丰富的公园 ▮ 推荐星级 ★★★★

天河公园位于广州天河区员村，公园以自然生态景观为主要特色，并规划出五个功能区，其中包括百花园景区、文体娱乐区、老人活动区、森林休憩区、后勤管理区。在公园里能看到舒展的草坪，起伏的山丘，苍翠的林木和波光粼粼的湖水，一派清新自然的美丽景象。其中百花园内种植着大量的植物，还有杜鹃园、紫薇园、茶花园等特色园林。

攻略HOW

地址 广州市天河区中山大道中
交通 乘地铁3号线岗顶站出站
电话 020—85525020

② 暨南大学

百年历史名校 ▎推荐星级 ★★★★★

攻略HOW

地址 广州市天河区黄埔大道西601号

交通 乘地铁5号线潭村站出站

电话 020-85220114

暨南大学是一家拥有百年历史的名校，是我国第一所由国家创办的华侨学府，也是我国目前海外学生最多的大学，暨南大学有着来自世界各地的学生，国际化程度在我国各高校中首屈一指。"暨南"二字出自《尚书》的"东渐于海，西被于流沙，朔南暨，声教讫于四海"一句，意即要将中国深厚的文化传播到全世界。如今这里绿荫片片，湖水粼粼，书声琅琅，给百年名校带来了新的生机。

3 华南师范大学

广州知名学府之一 ▌推荐星级 ★★★★★

华南师范大学创办于1933年，共有广州石牌、广州大学城和南海3个校区，其中石牌校区是最老的校区。这里原本是广东省立勤勤大学师范学院，是20世纪30年代广州最知名的学府之一。70多年来，学校虽然数易其名，却一直秉承学校创始初期"研究高深学术，养成社会之专门人才"的优良传统。

4 红线女艺术中心

纪念一代名伶红线女 ▌推荐星级 ★★★★

红线女艺术中心位于广州珠江新城，是广州市政府为了表彰著名艺术家红线女对我国文化事业的贡献而投资兴建的。这里记录了红线女从艺60多年来所留下的每一个印记，艺术中心展出了很多她主演的电影和戏剧的剧照，中心大厅还摆着很多红线女塑造过的艺术形象的雕像。此外，艺术中心的小剧场，每天还会播映大型纪录片《红线女艺术之路》，人们可以更深入地了解红线女的艺术人生。

好买

天河数码一条街

华南首屈一指的数码一条街 ▌ 推荐星级 ★★★★

天河数码一条街位于广州天河商业区的核心位置，是广州乃至华南地区首屈一指的数码一条街，人称"北有中关村，南有天河"。在这里有以太平洋电脑市场、天河电脑城等为代表的大大小小的IT商场十多家，里面经营的IT数码类产品品牌超过1000种。除了销售IT产品外，这里还对顾客提供技术支持和服务，面对学生推出了不少价廉物美的产品，很受追求流行的年轻学生们青睐。

攻略HOW

地址 广州市天河区石牌西路
交通 乘地铁3号线岗顶站出站

2 天河电脑城

多功能大型IT商城 ▌推荐星级 ★★★★

攻略HOW

地址 广州市天河区天河路502号
交通 乘地铁3号线岗顶站出站
电话 020-38499089

天河电脑城于2000年投资兴建，是一家集购物、休闲、教育等为一体的大型IT商城，而且其销售渠道已经辐射到了整个珠江三角洲，成为华南地区首屈一指的数码零售企业。商场共分七层，其中地下一层是天河电脑城DIY文化基地，一至五楼分别是电脑等数码产品的专卖店和维修中心，想要在400多家各式店家中淘到自己心仪的电脑配件也不是一件容易的事情。

3 太平洋电脑市场

驰名数码零售商店 ▌推荐星级 ★★★★

太平洋电脑市场位于天河数码一条街上，是驰名全国的数码产品零售企业品牌。这里由太平洋科技电子交易市场和太平洋电子科技广场两部分组成，整个电脑市场经营面积36000平方米，共有700多家电脑零售商在这里经营，被誉为"中国最大的电脑市场"。这里除了琳琅满目的电脑及配件外，还有各种先进的数码产品和正版软件，每到节假日这里都会举行各种促销活动。

攻略HOW

地址 广州市天河区天河路560号
交通 乘地铁3号线岗顶站出站
电话 020-87590226

4 百脑汇

我国最大的电脑零售企业 ▍推荐星级 ★★★★★

百脑汇就位于太平洋电脑市场旁，这里拥有最先进的电脑调测中心，拥有各种品牌的大量软硬件，消费者在这里不用担心是不是有电脑使用经验，也不必为自己的操作而提心吊胆，各种细致入微的服务可以让人打消一切疑虑。此外，百脑汇还有二手货交易区，在这里可以便宜的价钱买到二手的配件，不过需要有一定的电脑硬件知识，才能在众多的二手货中淘到宝贝。

攻略HOW

地址 广州市天河区天河路596号
交通 乘地铁3号线岗顶站出站
电话 020-22001188

5 摩登百货

国际流行趋势的最前沿 ■ 推荐星级 ★★★★★

攻略HOW

地址 广州市天河区天河路621号
交通 乘地铁3号线岗顶站出站
电话 020-61212111

摩登百货始创于2002年，10年来一直走国际流行的时尚百货经营路线，并且以"时尚"和"优价"为宗旨，逐渐受到广大消费者的认同。摩登百货的总店位于天河路上，是一处经营中档精品的店家，主要分绅士馆、淑女馆、流行馆、精品馆、休闲馆及家品馆等部分，数百个品牌的新潮时尚精品在这里汇集，引领着广州流行的潮流。

6 颐高数码广场

很有竞争力的数码零售连锁企业 ▌推荐星级 ★★★★

攻略HOW

地址 广州市天河区天河路621号
交通 乘地铁3号线石牌桥站出站
电话 020-61082222

颐高数码广场是目前国内很有竞争力的数码零售连锁企业，诞生于杭州的它经过多年的努力经营，目前在全国各大城市都有连锁加盟店。广州颐高数码广场位于石牌西路，是颐高集团位于华南的总店。商场分为4层，一至三楼都是经营各种数码产品的商店，四楼是提供休闲娱乐餐饮的地方。

7 太古汇广场

国外知名设计公司设计的商务中心 ▌推荐星级 ★★★★

太古汇广场位于天河中央商务区核心地段，占地面积达40多万平方米。这里在创建之初采用了商场、写字楼、酒店同步开发的模式，其建筑也都是由国外知名的建筑设计企业来设计，显得气势十足。如今这里包括大型商业购物中心、写字楼、五星级酒店和一处文化中心，集多种功能于一身。太古汇广场的购物

攻略HOW

地址 广州市天河区天河路
交通 乘地铁3号线石牌桥站出站

中心汇集了来自世界各地的奢侈品品牌，并且能做到和全世界同步上市，永远走在广州流行的最前列，成为广州最高级的消费场所。

江南西路
商业街

16

16 江南西路商业街

好玩

I 廖仲恺、何香凝纪念馆

纪念廖仲恺、何香凝夫妇的地方 ■ 推荐星级 ★★★★

廖仲恺、何香凝夫妇是中国近现代历史上的著名的革命夫妻之一，这里是纪念他们一家三口的地方。馆内分为六大主题，分别陈列着与廖仲恺、何香凝夫妇及其子廖承志相关的各种物品600多件，其中包括珍贵的历史照片和文物资料，以及与他们相关的诗画等艺术作品。这里是记录廖仲恺一家三口在不同时期的各种事迹的地方，既有廖仲恺寻求救国真理，追随孙中山参加各种运动的资料，也有何香凝、廖承志母子坚持革命活动的记录。

攻略HOW

地址 广州市海珠区东沙街24号
交通 乘地铁2号线市二宫站出站
电话 020-89003114

2 邓世昌纪念馆

纪念邓世昌的地方 ■ 推荐星级 ★★★★

攻略HOW

地址 广州市海珠区江南东路前桂大街19号晓港花园四楼

交通 乘地铁2号线市二宫站下

电话 020-84391036

邓世昌纪念馆是纪念在黄海海战中壮烈殉国的民族英雄邓世昌的地方，是著名的爱国主义教育基地。这座纪念馆是一栋简朴大方的清代建筑，"邓世昌与甲午海战"展区里面收集了各种与邓世昌生平事迹相关的资料，并着重介绍了他率领致远舰与日寇英勇奋战的过程，并展出大量的图片、文字资料，还有舰船模型供人观看。

3 孙中山大元帅府纪念馆

孙中山建立大元帅府的地方 ■ 推荐星级 ★★★★★

孙中山大元帅府纪念馆就是民国初期孙中山的大元帅府，它是由当时的全国第二大水泥厂——广东士敏土厂改建而来。这里在民国年间是全国的革命中心之一，在中国历史上

有着重要的地位。景区内的建筑有着雄伟的气势，南楼复原了大元帅府的各种陈列，北楼则是介绍孙中山在广州进行革命运动的展区，其中包括三次建立革命政权的具体情况，以及对当时的中国所产生的重要影响，楼内的其他专题展览也都很有观赏价值。

攻略 HOW

地址 广州市海珠区纺织路东沙街18号

交通 乘地铁2号线市二宫站出站

电话 020-89012366

门票 10元

4 波楼

广东最早的现代公共设施之一 ▍推荐星级 ★★★★

波楼建造于晚清光绪年间，是当时的广东海关的一部分，是为海关提供各种气象信息的信号台，因其上方要悬挂风球而被命名为波楼。这是一座钢质结构的建筑，在当时的中国算是相当高大的，因此视野极为良好，站在信号台上可以看到奔流不息的珠江，以及行驶于江面上的各种船只。波楼所在的大院内还有许多古老的建筑，那座"一"字形的三层楼房是清末民初的珠江两岸最为雄伟的建筑物之一。

攻略 HOW

地址 广州市海珠区洪德路海天四望街42号

交通 乘地铁2号线市二宫站出站

5 光明大戏院

广州著名的老剧院之一 ▍推荐星级 ★★★★

光明大戏院是海珠区最大的剧院，它建于新中国成立初期，后经过全面改造，成为广州最好的休闲娱乐中心之一。这里的设施完善，安装有国际先进的影音系统，能够让观众得到很好的视听享受。豪华电影厅里最值得称道的地方是那80个可以自由调控姿势的"航空式"座椅，它能让观众更加舒适地沉浸在光影所营造出的魔幻世界中。这里还有出售音乐器材的琴行及时下流行的卡拉OK酒吧、餐厅、棋牌室等多种娱乐休闲场所。

攻略 HOW

地址 广州市海珠区南华中路293号

交通 乘地铁2号线市二宫站下

电话 020-34154721

6 海幢寺

广州的四大名寺之一 ▊推荐星级 ★★★★★

海幢寺位于南汉时期的千秋寺的旧址上，是一座典型的明清时期的宗教建筑，建筑规模宏大，是广州的四大丛林之一。这里的殿堂气势雄伟，有着幽静肃穆的感觉。大雄宝殿是这里的核心建筑，它与地藏阁、天王殿等建筑都是清初寺庙建筑的代表作，里面供奉的都是佛教的神灵。海幢寺里古木参天，能够让人放松身心，体验到大自然的美妙之处，因此这个景观被称为海幢春色，是过去的羊城八景之一。

攻略HOW

▊**地址** 广州市海珠区同福中路337号
▊**交通** 乘地铁2号线市二宫站出站
▊**电话** 020-84238985

7 南华西骑楼街

古建筑博物馆 ▊推荐星级 ★★★★★

攻略HOW

▊**地址** 广州市海珠区同福路
▊**交通** 乘地铁2号线市二宫站出站

骑楼是岭南地区特有的一种传统建筑，而南华西骑楼街则云集各种骑楼建筑，是一个天然的建筑博物馆。这里的骑楼大都是清末民初所建，因而极具时代特色，是兼具了中西方建筑文化精华的楼宇，各种设计上的独到之处令人赞叹不已。南华西骑楼街还是广州著名的商业街之一，独特的骑楼招牌和霓虹彩灯是广州著名的一景。

好吃

南园酒家

景色优美的园林式酒家 ■ 推荐星级 ★★★★★

攻略HOW

地址 广州市海珠区前进路142号
交通 乘地铁2号线江南西站出站
电话 020-84484878

　　南园酒家是广州最著名的园林式饭店之一，这里景色秀美，深得岭南园林建筑的精髓。饭店里拥有精致秀美的亭台楼阁，其间有潺潺的小溪流过，造型优美的小桥横架其上，这是江南园林的特点，而这里的本地风格是通过茂密的芭蕉林地，充满着淳朴风情的木质小屋表现出来的。这里的菜品也是精美可口，深受食客们的欢迎，佛跳墙、柚皮焖鸡、护国菜、烧雁鹅都是这里的招牌菜，它们也是粤式佳肴中代表名品。

2 伊莱特宫殿

广州最著名的女仆咖啡屋 ▮ 推荐星级 ★★★★

地址 广州市海珠区西湖路光明广场六楼
交通 乘地铁2号线江南西站出站
电话 020-84432206

　　女仆咖啡屋是近年来新兴的一种特色咖啡店，深受那些热爱日本动漫游戏文化的年轻人的欢迎。这里的服务员穿的都是欧式风格的女仆装，她们会用甜美的笑容和温柔的声音欢迎前来这里的每一位顾客，是一个充满时下流行的"萌"系元素的地方。游客们在这里可以体验到一种奇妙的感觉，女店员会亲切地称呼他们为"主人"，还能跟其进行例如猜拳、占卜等游戏活动。这里的咖啡和甜点味道也是相当不错的，值得品尝。

3 新兴饭店

广州著名的打边炉饭店 ▮ 推荐星级 ★★★★

　　新兴饭店是广州著名的特色饭店之一，这里主要是以独特的秘制羊肉打边炉为卖点的，不但深受当地居民的好评，也有许多外地游客来此品尝这种美味佳肴。羊肉打边炉是以上等的广东封开莲都羊作为主料，全身烧烤至金黄后放入大锅中与甜竹蔗一起煲制，同时还要放入多种有益的中药材作为辅料，因此有祛寒暖心胃的功效。做出来的羊肉味道鲜美，毫无膻味，要是再蘸上店内特制的九味酱，味道更是令人赞不绝口。

攻略HOW

地址 广州市海珠区前进路92号
交通 乘地铁2号线江南西站出站
电话 020-84414338

好买

江南西路商业街

广州最著名的商业街之一 ▌ **推荐星级** ★★★★★

　　江南西路商业街是广州年轻人最为集中的商业街之一，这里的许多店铺都是为他们量身打造的，因而在这一群体中具有很高的人气。这里既有适合各年龄段人群购物休闲的大型商场，也有许多极具特色的街边小店，它们则是年轻人淘宝的好去处。江南西路商业街最多的是各种品牌的专卖店，其中既有规模宏大的旗舰店，也有普通的直销店，以各种服饰及饰品品牌为主。商业街上也不乏可以享用美味佳肴的饭店，是用餐的好去处。

攻略HOW

地址 广州市海珠区江南西路
交通 乘地铁2号线江南西站出站

2 潮流至上名店城

充满时尚气息的商业中心 ▪ 推荐星级 ★★★★★

攻略HOW

地址 广州市海珠区江南西路8号
交通 乘地铁2号线江南西站出站
电话 020-84497535

潮流至上名店城是广州著名的购物中心之一，这里会聚了不同地区的各种时尚品牌，因此成为羊城追求潮流的青年男女青睐的地方。这里的购物环境十分良好，给人一种优雅舒适的感觉，众多品牌店铺中以各式女装最受欢迎。潮流至上名店城还拥有各种饰品商店，那些做工精美，构思巧妙的发卡、项链坠、戒指、胸针等饰品深受青年的喜爱。

3 婚纱一条街

广州的婚纱专卖区 ▪ 推荐星级 ★★★★★

江南婚纱一条街是广东最大的婚纱及婚礼用品商业街，这里店铺林立，各种式样的婚纱服饰应有尽有。这里不仅有内地的各种婚纱品牌，我国港台地区以及东南亚的婚纱品牌也比比皆是，这些年许多欧美国家的婚纱品牌也在这里落户。江南婚纱一条街上不仅有准新人们在此选购婚礼礼服，也有适合结婚多年后的夫妻重找蜜月感觉的婚纱礼服。这条街上的婚纱店都是各有特色的，同时也能买到首饰、鞋子等配套服饰。

攻略HOW

地址 广州市海珠区江南大道北
交通 乘地铁2号线市二宫站出站

4 万国广场

繁华的商业中心 ▍ 推荐星级 ★★★★★

攻略HOW

地址 广州市海珠区江南大道中133号

交通 乘地铁2号线市二宫站出站

电话 020-84444200

江南西路商业街

　　万国广场是广州新兴的购物中心之一，它不仅拥有各种现代化的商业设施，同时还兼具社区文化的功能。这里拥有80000平方米的营业空间，各种大型超市和商业机构纷纷入驻。它的地下一层是大名鼎鼎的万国运动工厂，无论是国内的李宁、双星，还是国外的NIKE、ADIDAS、茵宝、匡威等品牌都可以在这里找到，因此深受青少年的欢迎。万国广场还拥有美食街和休闲中心，能够让来到这里的人们得到全方位的满足。

中山大学 **17**

PLAY
好玩
185

PLAY

好玩

中山大学

历史悠久的高等学府 ■ 推荐星级 ★★★★★

　　中山大学建立于1924年，是广东最早的高等学府之一，它是由伟大的革命先行者孙中山一手创建的。校区内有很多民国时期的建筑物，尤其以中西结合的小礼堂、黑石屋最有看头，其他景观也各有特点。

攻略HOW

地址 广州市海珠区新港西路135号
交通 乘地铁8号线中大站出站
电话 020-84112828

中大北门广场
中山大学的象征

中大北门是一座壮丽的牌坊式建筑，风格古朴典雅，已经成为中山大学的一个标志。校门前的广场素有"珠江走廊"的美誉，在那里可以看到景色优美的珠江风景，不愧是一个少见的开放式校园广场。

② 纯阳观

历史悠久的道观 ▌ 推荐星级 ★★★★★

纯阳观是供奉八仙之一的吕洞宾的道观，是广州最著名的道教建筑。这里的环境清幽，能给人以宁静致远的感受，气势雄伟的殿堂是这里的象征，这里历来是文人雅士游览的地方，留下了无数佳话逸事。

攻略HOW

地址 广州市海珠区新港西路五凤村漱珠岗

交通 乘地铁8号线中大站出站

电话 020-84189071

门票 1元

3 广州美术学院

历史悠久的艺术院校 ▌ 推荐星级 ★★★★★

地址 广州市海珠区昌岗东路257号

交通 乘地铁8号线晓港站出站

电话 020-84017740

广州美术学院是我国八大艺术院校之一，也是华南地区历史最为悠久的艺术院校。校园内绿树成荫，风景秀丽，有着良好的艺术氛围，绿草如茵的地面上摆放着历届师生的雕塑作品，十分值得观看。

4 岭南画派纪念馆

现代艺术展览馆 ▌ 推荐星级 ★★★★

岭南画派纪念馆是纪念我国近现代著名的艺术流派——岭南画派的地方，也是广州最具影响力的艺术展馆之一。这里收藏的艺术珍品很多，高剑父、陈树人、高奇峰等艺术大家的作品都可以看到。

地址 广州市海珠区昌岗东路257号

交通 乘地铁8号线晓港站出站

电话 020-84017167

5 十香园

岭南画派创始者的故居 ▌ 推荐星级 ★★★★★

十香园是广州著名的老宅第景点之一,这里曾是岭南画派始祖居廉、居巢兄弟居住及进行艺术创作的地方,因而在艺术史上占有重要地位。这里的环境优美,充满浓郁的艺术氛围。

攻略HOW

地址 广州市海珠区昌岗中路隔山怀德大街3号

交通 乘地铁8号线晓港站出站

电话 020—84410760

门票 3元

广州塔 18

PLAY **好玩** 191

BUY **好买** 197

18 广州塔

PLAY

广州塔

好玩

① 广州塔

中国最高的电视塔之一 ▌推荐星级 ★★★★★

广州塔有100多米高，因其形状优美，被市民亲切地称为"广州小蛮腰"。这座电视塔也是一座著名的观光塔，它的独特之处在于顶部的摩天轮，是以倾斜的角度围绕着发射塔运行的，因此来到这里的游客可以从不同的角度来领略市区内的繁华风光。广州塔的旋转餐厅也是极具吸引力的地方，游客们可以在此一边品尝各种美味佳肴，一边俯瞰广州的各处胜景。这里还是欣赏广州夜景的好地方。

攻略HOW

地址 广州市海珠区新港中艺苑路

交通 乘地铁3号线赤岗塔站出站，乘坐121、204路公交车在赤岗塔站下车

② 赤岗塔

昔日广州的风水塔 ▌推荐星级 ★★★★

攻略HOW

地址 广州市海珠区
交通 乘地铁3号线赤岗塔站出站，乘坐121、204路公交车在赤岗塔站下车

赤岗塔是一座历史悠久的古塔，它建于明代万历年间，是根据风水原理所建的，与琶洲塔和莲花塔三位一体，构成了锁二江、束海口的珠江三塔。这是一座八角形的古塔，高度有50多米，从外面看分为7层，实际上塔内则分为17层。有趣的是这座古塔还受西方文化的影响，位于基座墙壁上的托塔力士像就是鲜明的西方艺术风格的作品。赤岗塔的气势雄伟，在这里不但能看到奔流而去的滔滔江水，也能欣赏到周边地区优美风光。

3 黄金海岸水上乐园

广州著名的水上乐园 ▌推荐星级 ★★★★★

攻略HOW

地址 广州市海珠区滨江东路29号

交通 乘地铁8号线中大站出站，乘坐8、11、24、121、131路公交车在珠江泳场站下车

电话 020-34259534

门票 50元

　　黄金海岸水上乐园是广州一处新兴的旅游娱乐景区，它是由过去的珠江游泳场改建而来的，现在已经成为都市青年喜爱的娱乐场所。这里会聚了国内外的各种先进的娱乐设施，能让寻求刺激的人们感到不虚此行。高速滑道是这里最具动感的娱乐项目，它所带来的刺激感觉令玩过的人们都大呼过瘾，激流冲浪、欢乐反斗池、海盗船也是各有特色的娱乐项目。这里还有适合休闲的游泳场地，进行精彩艺术表演的水上表演舞台。

4 维他命空间

广州的艺术中心之一 ▌推荐星级 ★★★★

　　维他命空间是一个民间艺术创作中心，是一个可以让艺术家尽情地发挥想象力进行创作的地方。这里会聚了珠三角地区的众多民间艺术家，他们在这里可以创作游离于大众审美情趣之外的各种先锋、实验类的艺术作品，并将自己的想法融入其中。不同文化背景下的人们在这里进行交流与评判，是广州艺术氛围多样化的象征。

攻略HOW

地址 广州市海珠区赤岗西路

交通 乘地铁8号线客村站出站

电话 020-84296760

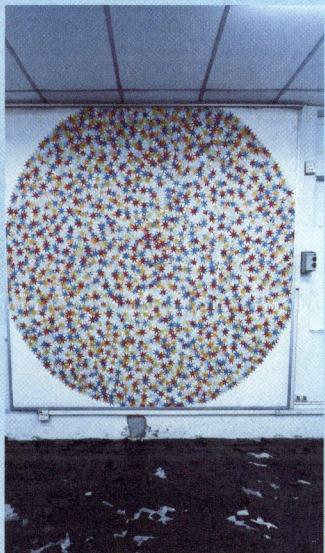

5 珠江电影制片厂

中国著名的电影制片厂 ▌推荐星级 ★★★★★

珠江电影制片厂是新中国最著名的电影制片厂之一，曾经出品了《南海潮》、《七十二家房客》、《大浪淘沙》、《雅马哈鱼档》、《乡音》等众多风靡一时的影视剧，并多次获得国内外的各项大奖。在这里可以看到那些轰动一时的老电影的拍摄场棚，还能看到那些影视剧中所用的各种服装道具，那些密密麻麻的奖杯则是珠影厂辉煌历史的象征。游客们还能看到精彩的影视剧照和海报宣传画，许多珍贵的影星相片都是平常难以看到的。

攻略HOW

地址 广州市海珠区新港中路352号

交通 乘地铁8号线客村站出站

电话 020-34316157

6 广州国际会展中心

广州最先进的会展中心之一 ▌推荐星级 ★★★★★

广州国际会展中心的主建筑宏伟壮观，有着强烈的现代主义建筑风格色彩，它是人类工业文明的结晶。这个场馆拥有很高的科技含量，也是一个智能化的大型建筑，同时又有着高效节能的环保色彩。广州国际会展中心的最大特色是完全无柱的第二层，它的净高最高处约为20米，可以进行大型机械展、帆船展等普通场所无法进行的展览。

攻略HOW

地址 广州市海珠区阅江中路382号

交通 乘地铁8号线琶洲站出站

电话 020-89131228

7 琶洲塔公园

景色优美的古塔公园 ▌推荐星级 ★★★★

攻略HOW

地址 广州市海珠区新港东路
交通 乘地铁8号线琶洲站出站
电话 020-34310734

琶洲塔公园是广州著名的市区公园，这里的景色优美，自古以来就是五羊城的风景名胜之一。高大的琶洲塔是这里的核心景点，这座八角形的古塔，有着雄伟的气势，它由青砖砌筑而成，清代的羊城八景之一的琶洲砥柱就在这里。登临古塔可以看到浩浩荡荡的珠江奔流而去，江面百舸争流的情景让人赞叹不已。

8 珠江新城

广州最繁华的商务区 ▌推荐星级 ★★★★★

珠江新城是广州近年来新建的一个商务区，它被誉为广州作为国际化大都市的窗口，因而有着繁华的都市风情。这里的高楼大厦鳞次栉比，它们是现代工业文明的象征，也是都市中一道亮丽的风景线，其中的珠江新城西塔是全国第二高楼，它从上至下布满了玻璃幕墙，在阳光的照射下会散发出绚丽的光芒。

攻略HOW

地址 广州市天河区珠江新城
交通 乘地铁3号线珠江新城站出站

9 珠江公园

景色优美的市区公园 ▮推荐星级 ★★★★

攻略HOW

地址 广州市天河区金穗路900号
交通 乘地铁5号线猎德站出站
电话 020—38858332

珠江公园是附近居民进行休闲娱乐的地方，这里的环境清幽，特别适合游人漫步。公园内拥有多个景区，它们被巧妙地结合为一体，形成一个优美的环形。风景林区是人们漫步的好地方，在这里还能呼吸到新鲜的空气，令人心旷神怡。萌生植物区里生长着各种奇妙的萌生植物，它们独特的生存方式令人啧啧称奇，桂花园、木兰园、棕榈园则是各有特色的植物园区。

BUY

好买

I 丽影商业广场

综合性购物中心 ▌**推荐星级** ★★★★★

丽影商业广场是广州著名的一站式商业中心，集休闲购物等多功能于一体，是五羊城一个新兴的地标式建筑。这里会聚了国内外的一流品牌，既有占地庞大的旗舰店，也有针对不同群体的专卖店和直销店。丽影商业广场里的店铺众多，无论男女老幼都可以在这里尽情地选购。这里还经常举行各种打折优惠活动，是顾客选购商品的最佳时机。

攻略HOW

地址 广州市海珠区新港中路356号

交通 乘地铁8号线客村站出站

电话 020-34317597

黄埔军
校旧址

19

PLAY
好玩

199

好玩

黄埔军校旧址

中国历史上最著名的军校 ▎**推荐星级** ★★★★★

攻略HOW

地址 广州市黄埔区金洲北路99号

交通 乘地铁5号线鱼珠站出站

电话 020-82201082

门票 15元

位于长洲岛上的黄埔军校是中国近代的军事摇篮之一，培养出了无数国共名将，许多当时还默默无闻的普通学员，在日后都成为声名显赫的杰出将领。这座军校是孙中山领导下的国民政府在苏联的帮助下创建的，由国民党人蒋介石担任校长，以周恩来为首的共产党人也担任了多个重要职位。

2 鱼珠码头

珠江上的著名渡口 ■ 推荐星级 ★★★★

攻略HOW

地址 广州市黄埔区大沙镇

交通 乘地铁5号线鱼珠站出站

电话 020-82279558

鱼珠码头是广州重要的交通枢纽之一，它是连接珠江两岸的重要渡口，不仅本地的居民在此坐船，许多外地游客也会来到这里体验乘坐珠江渡轮的感觉。在这里还能看到珠江两岸的诸多景点，既有大名鼎鼎的黄埔军校旧址，也有鳞次栉比的摩天大楼。那些南来北往的轮船，则是广州繁华的象征。

3 黄埔横沙书香街

充满儒家气息的街道 ▊ 推荐星级 ★★★★★

攻略HOW

地址 广州市黄埔区大沙地东333号

交通 乘地铁5号线大沙地站出站

黄埔横沙书香街是广州著名的古街，它历史悠久，最早可以追溯到南宋时期，据说宋代大儒朱熹就曾在这里定居讲学，所以后世多有儒门子弟在这里求学念书，效仿先贤所为。漫步在光滑的青石板路上，可以看到那些古朴典雅的建筑物，它们大都是过去的私塾和书舍，因此有着浓郁的书香氛围。

4 黄埔公园

历史悠久的市区公园 ▊ 推荐星级 ★★★★

黄埔公园是中国最早的现代公园之一，它建于清代的光绪年间，大门上至今还悬挂着时任两广总督的岑春煊所写的黄埔公园匾额。这座公园的林木葱茏，鲜花盛开，有着优美的自然环境，但也不乏各种人文景点。黄埔公园里种植了很多名贵的花草树木，它们同时也具有很高的观赏价值。

攻略HOW

地址 广州市黄埔区黄埔东路68号

交通 乘地铁5号线大沙地站出站

电话 020—82295608

5 蟹山公园

位于广州市区内的丹霞地貌景区 ▍推荐星级 ★★★★

蟹山公园是位于广州繁华市区内的一个街区公园，这里因其独特的丹霞地貌景观吸引了无数游人的目光。这里的核心景点是一个红砂岩山丘，它的形状酷似一个巨蟹，所以得名蟹山。蟹山公园里植被茂密，林木葱茏，芳草依依，还种植了大片的杜鹃花，因此到了春季鲜花盛开的时候，更是香气弥漫，令人沉醉不已。

攻略HOW

地址 广州市黄埔区蟹山路2号
交通 乘地铁5号线鱼珠站出站
电话 020-82279745

6 荔枝公园

环境清幽的市区公园 ▌推荐星级 ★★★★

攻略HOW

地址 广州市黄埔区大沙地东横沙社区内

交通 乘地铁5号线大沙地站出站

荔枝公园深藏于广州繁华的市区之中，是一个都市难得的清静之地，来到这里的人们都会有种轻松自在的感觉。这里植被茂密，其中大部分都是高大的荔枝树，公园也因此得名，在烈日炎炎的夏季，来此乘凉也是一个不错的选择。荔枝公园虽然不大，但是假山溪流等景观应有尽有，而那些精致典雅的亭台楼阁更让这里充满了悠闲舒适的韵味。

长隆欢
乐世界

20

PLAY
好玩

205

EAT
好吃

208

PLAY

好玩

1 长隆欢乐世界

广州著名的游乐场 ■ 推荐星级 ★★★★★

长隆欢乐世界是国内游乐设施最为齐全的现代游乐场之一，共分为七大园区，是一个适合多个年龄层共同游玩的娱乐场所。这里既有传统的过山车、摩天轮等游玩项目，也有新引进的"U"形滑板、摩托过山车等娱乐项目。

攻略HOW

地址 广州市番禺区长隆地铁大道

交通 乘地铁3号线汉溪长隆站出站

电话 020-39932888

门票 170元

1 长隆国际马戏大剧院 国内最好的马戏表演场所

　　长隆国际马戏大剧院是全球知名的马戏表演场所，能同时容纳8000多名观众欣赏表演，其代表作是大名鼎鼎的《新森林密码》。这里的设施完善，拥有先进的灯光、语音系统，能够让观众得到最好的视觉享受。

2 长隆水上乐园 水上游乐场

　　长隆水上乐园是全国最好的水上游乐场，是深受年轻人喜爱的娱乐场所之一。这里既有惊险刺激的离心滑道和高速滑道，也有适合休闲放松的其他游乐项目，而那全长1000多米的漂流河道则是这里的标志性景点之一。

2 广州鳄鱼公园

主题野生动物园 ▍推荐星级 ★★★★

广州鳄鱼公园是广州最大的专业野生动物园，这里饲养了近10万条鳄鱼，是全国最大的鳄鱼基地。来到这里的游客能够看到各种精彩的鳄鱼表演，能得到非凡的刺激感受，还能了解与鳄鱼相关的各种知识。

攻略HOW

地址 广州市番禺区大石镇石北大道大边村

交通 乘地铁3号线大石站出站

电话 020-84796100

门票 80元

3 香江野生动物世界

奇妙的野生动物园区 ▍推荐星级 ★★★★★

香江野生动物世界是中国最好的野生动物园景区之一，是以放养野生动物的数量之多而出名的。这里拥有来自世界各地的珍禽异兽，既有国宝大熊猫，也有澳洲的考拉和洪都拉斯食蚁兽等国内罕见的动物。

攻略HOW

地址 广州市番禺区大石镇礼村路口

交通 乘地铁3号线大石站出站

电话 020-84746666

门票 150元

长隆欢乐世界

207

20 长隆欢乐世界

好吃

I 四海一家

各种美食会聚的地方 ▌推荐星级 ★★★★

四海一家是一个大型美食中心，来到这里的食客们可以找到世界上著名菜系的美味佳肴，是品尝不同风味的好地方。这里是一个自助餐厅，不仅有我国著名的八大菜系，而且还有其他各国的特色饭菜可供挑选。

攻略HOW

地址 广州市番禺区迎宾路万博中心A2栋一至二楼

交通 乘地铁3号线汉溪长隆站出站

电话 020-34822266

② 渔民新村

品尝海鲜的好地方 ▍**推荐星级** ★★★★

　　渔民新村是广州著名的海鲜美食城，拥有多家各具特色的餐厅，是来到五羊城品尝海鲜的最佳地点。这里的用餐环境类似于大排档，各种菜肴都是用鲜活的海产品作为原料，然后精心烹制出来的。

攻略HOW

地址 广州市番禺区大石镇迎宾大道559号
交通 乘地铁3号线大石站出站
电话 020-34099952

番禺广场 21

PLAY
好玩
211

EAT
好吃
214

PLAY

好玩

① 番禺广场

番禺区的中心广场 ▌**推荐星级** ★★★★

番禺广场位于番禺区的中心，主要分为入口区、聚会区、表演区、休闲区四大部分。在广场的东、西、南三面分别建有音乐喷泉，而北面则有一个中西结合式园林的绿化广场。此外，在广场上还有很多反映广州人民英勇抗击外国侵略者的雕塑，成为番禺区新的景观。

攻略HOW

▌**地址** 广州市番禺区番禺广场
▌**交通** 乘地铁3号线番禺广场站出站

2 星海公园

简单幽静的公园 ▍ **推荐星级** ★★★★

　　星海公园是为了纪念祖籍番禺的著名音乐家冼星海而建，相比起广州其他的公园规模庞大、设施齐全来，这里可以说是相当的简单，但是园内依旧自然风光出众，此外还有冼星海塑像和番禺人民英雄纪念碑等景点，来这里散步或是约会都是很好的选择。

3 宝墨园

纪念包拯而建的园林 ▍ **推荐星级** ★★★★

　　宝墨园位于番禺区沙湾镇紫坭村，占地8.67公顷，集包公文化、岭南古建筑、岭南园林艺术和珠三角水乡美景于一体，堪称岭南造园艺术的典范。在这里尤其弘扬了古代反腐倡廉的美德，通过着重讲述包拯的故事，将这一精神传扬开去。

4 留耕堂

广东乡村祠堂的典型代表 ▌推荐星级 ★★★★★

攻略HOW

地址 广州市番禺区沙湾镇芦江周道18号

交通 乘地铁3号线市桥站出站

电话 020-82009911

门票 5元

留耕堂是番禺旧时当地大姓何氏的宗祠，是广东乡村祠堂建筑的典型代表。这座建于南宋时期的建筑历经宋、元、明、清四代，先后多次重修改建。这里最主要的特点就是庭柱多、雕刻精、书联丰富。在这里共有112根石柱和木柱，其上还有很多精美的石木雕刻。此外这里丰富的楹联和题词也是主要的看点。

21番禺广场

EAT

好吃

I 祈福食街

汇集世界美食 ▍ 推荐星级 ★★★★

祈福食街是番禺著名的美食一条街，在这条街上数十家食肆中，囊括了我国八大菜系和周边各国的特色美食，因此吸引了来自世界各地的食客。在祈福食街几乎每一家饭店都有自己的拿手菜，如果能吃遍这里所有的特色美食，就好像走遍了各个国家一样，让人意犹未尽。

攻略HOW

地址 广州市番禺区西城路91号
交通 乘地铁3号线市桥站出站

广州

EAT　PLAY　BUY
好吃好玩真好买

编辑部

《好吃好玩》编写组
执行主编：兰　亭　苏　林
编写组成员：

陈　永	陈　宇	崇　福	褚一民
付国丰	付　佳	付　捷	管　航
贵　珍	郭新光	郭　政	韩　成
韩栋栋	江业华	金　晔	孔　莉
李春宏	李红东	李　濛	李志勇
廖一静	林婷婷	林雪静	刘博文
刘　成	刘　冬	刘桂芳	刘　华
刘　军	刘小风	刘晓馨	刘　艳
刘　洋	刘照英	吕　示	苗雪鹏
闵睿桢	潘　瑞	彭雨雁	戚雨婷
若　水	石雪冉	宋　清	宋　鑫
苏　林	谭临庄	佟　玲	王恒丽
王　诺	王　武	王晓平	王　勇
王宇坤	王　玥	王铮铮	魏　强
吴昌晖	吴昌宇	武　宁	肖克冉
谢　辉	谢　群	谢　蓉	谢震泽
谢仲文	徐　聪	许　睿	杨　武
姚婷婷	于小慧	喻　鹏	翟丽梅
张爱琼	张春辉	张丽媛	赵海菊
赵　婧	朱芳莉	朱国樑	朱俊杰

责任编辑：王　颖
装帧设计：城市地标
责任印制：闫立中

图书在版编目（CIP）数据

广州好吃好玩真好买 / 《好吃好玩》编写组编著
. —— 北京 ：中国旅游出版社，2012.1
（好吃好玩系列）
ISBN 978-7-5032-4255-7

Ⅰ．①广… Ⅱ．①好… Ⅲ．①旅游指南－广州市
Ⅳ．①K928.965.1

中国版本图书馆CIP数据核字(2011)第178984号

书　　名：广州好吃好玩真好买

编　　著：《好吃好玩》编写组
出版发行：中国旅游出版社
　　　　　（北京建国门内大街甲9号　邮编：100005）
　　　　　http://www.cttp.net.cn　Email:cttp@cnta.gov.cn
　　　　　营销中心电话:010-85166503
经　　销：全国各地新华书店
印　　刷：北京金吉士印刷有限责任公司
版　　次：2012年1月第1版　2012年1月第1次印刷
开　　本：787毫米×1092毫米　1/16
印　　张：13.5
印　　数：1-8000册
字　　数：250千
定　　价：39.8元

ISBN 978-7-5032-4255-7